名僧のことば

禅語1000

伊藤文生　編

天来書院

目次

はじめに

禅問答とは、一般に何を言っているのか分からない難解な問答、話のかみ合わない珍妙な問答ということになっていて、禅はとにかく難しい分からないとされる。そもそも「禅《ぜん》」という言葉は古代インド語の音訳に由来するとされ、この漢字の字形をいくら見つめてみたところでほとんど何も分からない。

「禅」と書かれるようになったもとの言葉は精神の安定と統一というような意味をもち、漢語としては「定《じょう》」「禅定《ぜんじょう》」あるいは「静慮《じょうりょ》」と意訳された。しかし「静慮」などの訳語は普及せず、「禅」が定着することとなった。この事実は、禅が簡単には説明しにくい内容をもつことの端的な証左であるとも言えるだろう。

禅は理解できる言葉として適切な訳語が見つからないまま伝わり、日本語の世界にも浸透してきた。禅は禅であり、別な言葉ではなかなかうまく言いつくせない。それでも現在、禅とは何かと問われれば、座禅を組み瞑想して悟りを開くことという程度の説明なら小学生にもできる。禅についてのいちおうの了解はできている。

漢字の字形に即した解釈を試みれば、「語」の「言」を「心」にすると「悟」となる。吾の言を吾の心とすること。言葉によって心を伝える、そうして悟りが得られる活動が禅である、そのように納得してみてもよさそうだ。

禅と言語との関係については、不立文字《ふりゅうもんじ》という言葉がある。悟りに至るためには文字は必ずしも役立たない、悟りの境地を言語で表現することは不可能である、したがって以心伝心《いしんでんしん》するほかない、という。もともと不立文字とは、文字すなわち言語による概念的把握を超越しているということであって、言語活動を拒絶したり否定したりする意はない。ただ禅宗が教団として自立し他宗に対する独自性を表明しようとし、経典を重視する他宗への批判として経典の一字一句にとらわれないということを主張するために掲げられたスローガンが不立文字なのである。不立文字だから文字を使わないというのではなく、むしろ文字を多用し、言葉使いに意を注ぎ、言語表現の洗練に努めた結果として、禅の世界には厖大な文献が蓄積されることとなった。以心伝心するために文字が大きなはたらきをしたのである。そうして、心を伝えるために繰り返し磨かれ鍛えあげられてきた言葉が禅語にほかならない。

その人ならではの悟境を語るには、その人ならではの言葉によらねばならない。すでに書物に記載された言葉でなく、すでに誰かが口にした言葉でもなく、新たに自分独自の言葉を駆使して言い表すこと。それ相応の工夫によって言葉を選び表出することが求められる。辨ぜんと欲して言を忘れて立ち止まるのではなく、さらに一歩を踏み出すことが大事なのである。

　このことを書の世界に転じてちょっと考えてみるとどんなことが言えるだろうか。書は文字を書く。文字は言葉の表現である。ある言葉をどう書いて表現するか。書の作品を生み出すためにはどんな工夫が必要か。書が個性的な作品として成立する条件は、その人ならではの文字として書きとめることであろう。古典をふまえつつも、その模倣にとどまらず、さらに新しい表現を試みる。個性の表出と言葉への関心そして文字の力に対する大きな信頼という点で禅語と書作とは強く結びつく。そこに書作品としての禅語が好まれる由縁もあるのだろう。書と禅語との魅力の源泉は深く通じているのだ。

　禅が難解とされる原因の一つとして、旧来の伝統的な読み方に誤読が多いということがあげられる。禅文献には唐・宋時代の口語が頻用されているため、一般のいわゆる漢文訓読の知識だけでは理解が行き届かない。言葉の意味をとらえそこねた結果として、禅問答を珍妙であるとするような俗説のほか、あきらかな誤解も生じたのである。誤解の典型を一例だけ挙げよう。書の作品としてもしばしば目にする「喫茶去《きっさこ》」である。

　趙州《じょうしゅう》はいつも僧に会うと、「ここに来たことがあるか」と問うた。「来たことがございます」と答える者があり、「来たことはございません」と答える者もあるが、趙州はいつも「喫茶去」と言った。

　院主《いんじゅ》が尋ねた、「和尚は普段、僧にお尋ねになるとき『来たことがある』という場合にも、『来たことはない』という場合にも、きまって『喫茶去』とお答えになります。どうしてなのですか」。趙州、「院主よ」。院主、「はい」。趙州、「喫茶去」。

　「趙州喫茶去」の公案として著名な問答である。この問答に見える「喫茶去」が「まあお茶を一杯召し上がれ」などと訳されてきた。「喫茶」は、現在ふつうの日本語として使われていて疑問は生じない。したがって問題は「去」一字の解釈ということになる。この場合の「去」は、～しに行く、～しに行けという意味である。したがって「喫茶去」は喫茶しに行け、茶を飲みに行け、ということ。「去」は去る、去れという意でよい。「去」の反対は「来」で、「点茶来（茶を点《た》てて来い）」という語がある。

しかし、「喫茶去」三字を訓読しようとすると「喫茶し去れ」のようになってしまい、そうすると、茶を飲んだら去れと解釈されてしまう。「喫茶去」が誤解された原因の一つは、このような訓読の限界によるものと推測できる。

禅語が誤解される原因のもう一つは、日本の禅に特有の独善的な体質にある、とされる。中国の洞山禅師は「師の教えをすべて肯定するのは、師を裏切ることにほかならぬ」と言い切っている。ところが、日本の禅宗の伝統では、師の教えをそのまま継承することが美徳とされる、という。

「喫茶去」は、お茶をどうぞ、とにこやかに迎え入れようという優しい言葉ではない。問答を打ち切る断乎たる宣言である。趙州以外に、帰宗智常・虔州処微・資福貞邃・雪峰義存・天童咸啓・羅山道閑・長慶慧稜・化度師郁・鼓山神晏・保福従展・盧山行伝・石蔵慧炬・報恩行崇・清涼文益など十指に余る禅匠たちの語例がある。そのいずれも師が弟子の問いに対して臨機応変に答える最後の言葉、相手の機が未だ熟さずと見て出直しを促す場面で発せられた言葉である。

師から「喫茶去」と言われたら、はっとして怱々に退散しなければならない。師のそばにとどまり、ほっとしてのんびり一服している場合ではないのである。

ただ、あらためて考えてみると、同じ「喫茶去」でもその時その人の顔つきや声の調子などによって当然ニュアンスは異なってくる。厳しくも冷酷ではなく、突き放しながらもそれは素質があると見てのことでもあろう。同じ語句を書くにも、書きようによって多様な表現ができるようなものである。

本書が豊かな書の表現の一助になれば幸いである。

二〇一九年 秋

○凡例

一、本書は書道愛好者のための禅語集である。

二、代表的な禅語の語彙集である『句双紙《くぞうし》』ほか『臨済録』『碧巌録』『無門関』などの禅語録を基本資料とし、千語程度を目安にして選定した。選定の基準としては出典が確かであることを第一に、揮毫のために利用できる語句であるようにと配慮した。

三、一字語から十六字句まで字数別に分け、各字数ごとにその読み方の五十音順に配列した。

四、原文を━━でくくり、その後に読み方を音読はカタカナ、訓読はひらがなを用いて示した。

＊原文は現行普通の文字を用いることを原則としたが、適宜に常用漢字表以外の字体を採用した。

＊伝統的な読み方を尊重しつつ、語学的に明らかな誤りとされるものは修正し、現代かなづかいにしたがうようにして表記した。

＊「龍」を「リュウ」と読んだり「リョウ」と読んだりというように、強いて統一せず、慣用に従った。

五、解説は、なるべく原文に即し、簡潔を旨とした。

六、出典として、容易に見られるテキスト三種『臨済録』『碧巌録』『無門関』（いずれも岩波文庫）に限って特に付記した。その語が使われている文脈を確認することによって理解が深められると考えてのことである。用例が複数ある場合は、初出または適例の所在を示して、「ほか」を加えた。

＊〔碧・四本則著語ほか〕とは『碧巌録』第四則の本則の著語とそのほかにも『碧巌録』の中に用例が見えることを示し、〔無・三四〕とは『無門関』第三四則に一例あり、〔臨・示衆一ほか〕とは『臨済録』に示衆一の一例ほかの用例もあることを示す。

主な参考文献

『禅語辞典』（一九九一年、思文閣出版）
『定本禅林句集索引』（一九九一年、禅文化研究所）
『句双紙』（一九九六年、岩波・新日本古典文学大系）
『臨済録』（一九八九年、岩波文庫）
『碧巌録』上中下（一九九二年〜一九九六年、岩波文庫）
『現代語訳碧巌録』上中下（二〇〇一年〜二〇〇三年、岩波書店）
『禅林句集』（二〇〇九年、岩波文庫）

番号

語句 読み方

解説〔出典〕

1字

1
㘞 カ
驚愕したときの発声、また力を出すときのかけ声。〔碧・一〇頌著語ほか〕

2
過 カ
終わった。もう済んだ。〔碧・四頌著語ほか〕

3
關 カン
関門だ。通り抜けならぬ。〔碧・八本則〕

4
點 テン
そこだ！〔碧・四本則著語ほか〕

5
咄 トツ
叱咤する叫び。〔碧・一本則著語ほか〕

6
露 ロ
丸出し。全体露呈。堂々たる呈示。〔碧・六本則評唱〕

2字

7
瞎漢 カッカン
ものが見えぬやつ。〔碧・一〇頌著語ほか〕

8
勘破 カンパ
見破る。本質を見抜く。93「勘破了也」を参照。〔碧・四本則ほか〕

9
看路 カンロ
気をつけてお帰り（見送りの挨拶）。「看路、看路」とも。

10
教壊 キョウエ
あやまった導き方で人を駄目にする。「学術を以て天下後世を殺す」と同旨。〔碧・八頌著語ほか〕

11
玄機 ゲンキ
玄妙な機関。常識的な理解を超えた意味深長な言動。〔碧・五六本則評唱ほか〕

12
功勲
コウクン

てがら。悟りを開くことによって得られる（と期待される）価値。ただ、そのような価値を目指す修行は価値意識を抜け出ていないものとして軽蔑される。〔碧・九七頌評唱〕

13
餬餅
コビョウ

小麦粉を練って発酵させ、胡麻をまぶして焼き上げた日常食。胡餅。「超仏越祖の談（仏法を超越した究極の境地）」とは何かに対する答え。〔碧・七七本則〕

14
識羞
シキシュウ

はじを識る。おのれが未熟であることを深く自覚する。〔碧・一二頌評唱ほか、無・三四〕

15
自由
ジユウ

自らに由る。自己自身をよりどころとする。完全な主体性を確立し堅持する。〔臨・示衆一ほか、碧・一本則評唱ほか〕

16
説破
セッパ

説き尽くす。ぶちまけて言う。〔碧・二八本則著語〕

17
咄哉
トッサイ

こらっ！（どなり声）〔碧・三八本則評唱〕

18
未在
ミザイ

まだダメだ。〔碧・一〇頌評唱ほか〕

3字

19
阿呵呵
アカカ

アッハッハ（笑い声）。〔碧・七〇本則著語ほか〕

20
一隻眼
イッセキゲン

片目。また、両眼のほかの第三の眼。真実を見抜く眼。頂門眼。「頂門具眼」「頂門上具一隻眼」とも。〔碧・五本則評唱ほか〕

21
可惜許
カシャクコ

惜しいことだ。残念！「許」は語助で、「ゆるす」というような意味は無い。〔碧・一本則著語ほか〕

22
瞌睡漢
カッスイのカン

いねむり男。求道心の欠けた、たるんだ修行者。〔碧・三三本則著語〕

23
花薬欄　カヤクラン
芍薬の花壇。庭の正面に植え込まれた満開の芍薬で、光明燦爛たる毘盧舎那仏のイメージ。〔碧・三九本則〕

24
閑葛藤　カンカットウ
くだらぬ無駄なおしゃべり。「葛藤」はツル草のカズラやフジ。まとわりつくじゃまなものの意で、禅では文字や言葉のこと。

25
閑機境　カンキキョウ
なくもがなのつまらぬ仕掛け。御託宣。「閑塵境」とも。〔臨・示衆一〇〕

26
閑古錐　カンコスイ
58「老古錐」と同旨。

27
乾屎橛　カンシケツ
かちかちに乾いた棒状の糞。聖なるものへのストレートな拒否であり、また逆に、見事な真理の提示ともされる。「くそかきべら」という旧解は不適当。〔臨・上堂三、碧・二三頌著語ほか〕

28
閑道人　カンドウニン
もはや修めるべき道の無くなった人。除くべき妄想も求めるべき真実も無い無為無事の人。〔碧・四四本則評唱〕

29
喫茶去　キッサコ
茶を飲みに行け。本書の序文を参照。〔碧・二二本則評唱ほか〕

30
看脚下　キャクカをみよ
足下をしかと見よ。自己の立脚地を見て取れ。〔碧・二三頌ほか〕

31
近前来　キンゼンライ
こちらに来い。〔臨・行録七、碧・二六頌評唱ほか〕

32
黒如漆　くろきことシツのごとし
黒漆で塗りつぶしたように真っ黒。一切の分別も判断も受けつけない原初のすがた。「聖人の迷いは漆のように黒く、凡人の迷いは日のように明るい」と言われる。

33
荊棘林　ケイキョクリン
イバラの林。事上錬磨の困難の喩え。〔碧・五一本則評唱〕

34
黒漫漫　コクマンマン
真っ黒け。〔臨・示衆一四、碧・一六頌著語ほか〕

35
捋虎鬚
コシュをひく
虎のひげをひっぱる。命知らずな勇み足の喩え。〔臨・序ほか、碧・九頌評唱ほか〕

36
是什麼
これなんぞ
何であるのか。何なのだ。問題の根源へ目を向けさせるための鋭い示唆の語。〔碧・一二頌著語ほか〕

37
少賣弄
ショウマイロウ
ひけらかすな。身のほど知らずの一知半解ぶりを叱る。〔碧・二本則著語ほか〕

38
惺惺著
セイセイジャク
しっかりと目を覚ませ。心を引き締めて、しゃんとせよ。〔無・一二〕

39
草裏漢
ソウリのカン
草むらの中にいる男。俗念に染まっている俗人。〔碧・一六本則評唱ほか〕

40
賊識賊
ゾクゾクをしる
悪党は悪党のやり口を知っている。〔碧・八本則著語〕

41
作麼生
ソモサン
どうして・どうしたら・どうなのだ。「如何《いかん》」と同義の口語で、疑問または詰問に用いる。〔碧・一本則評唱ほか〕

42
太高生
タイコウセイ
はなはだ高し。高すぎる。なんとご立派な。「太〜生」は「はなはだ〜だ」という句型で「生」は語助。〔臨・行録一二、碧・三頌著語ほか〕

43
擔板漢
タンパンカン
板をかついだ男。自分がかついでいる（抱えこんでいる）物や理念に左右されて行動する人間を罵って言う。ワンパターンの教条主義者。〔碧・四本則著語〕

44
鐵團欒
テツダンラン
ゴロリとした鉄のかたまり。手のつけようもない頑強な完結態。

45
破草鞋
ハソウアイ
ぼろわらじ。弊履。行脚を長年積み重ねた人にも喩える。〔碧・一一本則著語ほか〕

46
把不住
ハフジュウ
つかめていない。〔碧・一本則著語ほか〕

47
百雑砕
ヒャクザッサイ

こっぱみじん。一切の相対性が粉々に砕けた状態。〔碧・一三頌著語ほか〕

48
白拈賊
ビャクネンゾク

白昼のひったくり強盗。なみの盗賊とは別格のしたたかなくせ者。臨済禅師の機鋒の凄まじさの形容。〔碧・三〇本則評唱ほか〕

49
風顛漢
フウテンカン

常軌からはみ出ている男。常識の枠に捉われない、奔放不羈な行動力にあふれた人物。〔臨・序ほか〕

50
放下著
ホウゲジャク

手放して下ろせ。置け。「放下」は「置く」「下ろす」ということ。ほうり投げることではない。「著」は命令を表す接尾語。

51
莫妄想
マクモウゾウ

実体のないものを実体あるものとして捉えたりするような、要するにまともでない思いを起こすな。正念を起こせ。〔碧・一九本則評唱ほか〕

52
麻三斤
マサンギン

三斤の麻糸。僧の衣一着が仕立てられる麻布が織れる量の麻。〔碧・一二本則ほか〕

53
孟八郎
マンパロウ

でたらめ野郎。〔碧・二八本則著語ほか〕

54
未徹在
ミテツザイ

また徹底していないぞ。悟りきってはおらぬ。

55
没滋味
モツジミ

味わいがない。味もそっけもない。しかし、その味気ないところこそが味わい深いところなのだ、という含み。

56
没蹤跡
モッショウセキ

なんの形跡もない。生半可な修行ではない、ほんものの境地。味噌くさい味噌は上等の味噌ではないように、修行の跡が見えるのは未熟者。努力の跡など見せるものではない。

57
野狐精
ヤコゼイ

業を経て、魔性を身につけた狐。ひとかどの力はあるものの、こけおどしにすぎない、見かけ倒しの禅坊主。〔臨・示衆一ほか、碧・一本則著語ほか〕

58 **老古錐** ロウコスイ
使い込まれて当初の鋭利さがなくなった錐。老いぼれて聡敏の機智のなくなった老僧。鋭さを消し去り枯れきった老成ぶり。〔碧・四五頌ほか〕

59 **露堂堂** ロドウドウ
すっかり丸出し。本来の自己を包みかくさず全面的に露呈する。

4字

60 **垜生招箭** あずちなってやをまねく
あずち（的《まと》を置く土盛り）が出来たとたんに矢が飛んでくる。言葉によって物事を対象化して定立させようとしたとたんに、ディレンマに直面する喩え。

61 **迷頭認影** あたまにまよいてかげをみとむ
鏡に映った影を自分の頭と思いこむ。鏡像を実物と取り違える愚かさ。主体性を喪失した本末転倒。〔碧・一五頌著語〕

62 **安身立命** アンジンリュウミョウ
おのれを安んじて一生をまっとうする。心身をすべて天命にまかせて迷わない。「安心立命」とも。〔碧・五六頌著語ほか〕

63 **随家豊倹** いえのホウケンにしたがう
暮らし向きが豊かなら豊かに、貧しいなら貧しいなりに。〔碧・八八本則著語〕

64 **倚勢欺人** いきおいによってひとをあざむく
勢いに乗じて人を欺く。〔碧・五本則著語ほか〕

65 **一模脱出** イチモよりぬきだす
同一の型から抜き出した。そっくり同じ。〔碧・六本則評唱ほか〕

66 **放一得二** イチをはなってニをえたり
一石二鳥。〔碧・七九頌〕

67 **一箇半箇** イッコハンコ
一人かその半分。やっと一人いるかいないかというほどの得難い人物。〔碧・二本則著語ほか〕

68 **放過一著** イッチャクをホウカす
（囲碁で）一手ゆるめる。厳しい追及を一旦さしひかえる。〔碧・五垂示ほか〕

69
一釣便上
イッチョウにすなわちのぼる
ちょっと糸を垂らしたとたんに引っ掛かる。〔碧・四三本則著語ほか〕

70
一刀両段
イットウリョウダン
一刀のもとに切りすてて真っ二つにする。「一刀両断」とも。〔碧・六三頌評唱ほか〕

71
一筆勾下
イッピツにコウゲす
一筆でサッと抹消する。既成の価値や権威に対する断乎たる否定。〔碧・四四本則著語ほか〕

72
坐観成敗
いながらセイバイをみる
他人の成功や失敗を傍観する。〔碧・四本則評唱〕

73
對牛彈琴
うしにタイしてキンをダンず
牛にむかって琴を弾いて聴かせる。馬の耳に念仏。「牛前弾琴」とも。

74
騎牛覓牛
うしにのってうしをもとむ
牛にまたがり牛を探す。自己に本来そなわっているものを外に探し求める。〔碧・七本則評唱〕

75
應病與藥
オウビョウヨヤク
病に応じて薬を与う。相手のツボをおさえた対応をする。巧みな対症療法をする。その方便の見事さをいう場合と、巧みではあっても方便以上ではないとする抑下《よくげ》の場合もある。〔碧・四垂示ほか〕

76
以己方人
おのれをもってひとにくらぶ
自分を基準として他人を比較評論する。下司の勘ぐり。〔碧・二三本則著語ほか〕

77
海晏河清
カイアンカセイ
海はおだやか黄河も清く澄む。天下太平で、仏法すら存立しようもない世界。〔碧・一八本則ほか〕

78
快馬一鞭
カイバはイチベン
駿馬は鞭一つで騎手の意を理解して疾走する。俊秀は一言でただちに悟る。〔碧・三八垂示ほか〕

79
格外玄機
カクゲのゲンキ
格別の玄機。常識では理解できない玄妙な言動。〔碧・二二頌評唱ほか〕

80
蔵而弥露
かくせばいよいよあらわる
隠そうとしてかえって露見する。

81
廓然無聖
カクネンムショウ

からりとして「聖」という絶対的価値さえ消えた世界。〔碧・一本則ほか〕

82
瓦解氷消
ガゲヒョウショウ

瓦が砕け氷が融ける。跡形もなくなる。雲散霧消。「氷消瓦解」とも。〔碧・一二本則著語ほか、無・一九〕

83
頭正尾正
かしらただしくおもただし

はじめもおわりも正しい。終始申し分ないみごとな対応ぶり。ただ、「しかし……」と転折する深意を含む。〔碧・五六本則著語〕

84
因風吹火
かぜによってひをふく

風向きに合わせて火を吹く。巧みに機をとらえて行動する。相手の出方に応じて適切に指導する。「風に因って火を吹けば、力を用うること多からず」という格言がある。〔碧・一七本則評唱ほか〕

85
風行草偃
かぜゆけばくさふす

風が吹けば草はなびく。自然に成就すること。〔碧・六頌評唱ほか〕

86
看風使帆
かぜをみてほをつかう

風のぐあいを見て帆を操作する。相手の出方に合わせて巧みに対応する。[75]「應病與薬」と同旨。〔碧・六五頌評唱ほか〕

87
活鱍鱍地
カッパツパツジ

元気な魚がピチピチ跳ねるようす。生機に溢れているようす。「地」は副詞語尾。「鱍鱍」は「潑潑」とも。〔臨・示衆六、碧・二六本則評唱ほか〕

88
瓦釜雷鳴
ガフライメイ

素焼きの釜が雷のように鳴る。愚者が重用されて威張り散らすこと。『史記』屈原伝による。

89
烏黒鷺白
からすはくろく さぎはしろし

カラスは黒く、サギは白い。[103]「鵠白烏黒」に同じ。

90
眼横鼻直
ガンオウビチョク

両目は横に並び、鼻は垂直。人の当たり前な顔つき。

91
間不容髪
カン ハツをいれず

ほんの少しの隔たりも無い。

92
官馬相踏
カンバあいふむ

官庁の公用馬が蹴り合う。達人同士の渡り合い。〔臨・勘辨八〕

93

勘破了也

カンパリョウヤ

見破ったぞ。〔碧・四本則ほか〕

94

韓獹逐塊

カンロつちくれをおう

名犬の韓獹が土くれを追いかける。まとはずれなことをする喩え。〔碧・四三頌評唱〕

95

歸家穏坐

キカオンザ

本来いるべき場所にもどり、落ち着いてゆるぎなくすわる。〔碧・一本則評唱ほか〕

96

逆風張帆

ギャクフウにほをはる

逆風を利して舟を走らせる。逆境をも向上の好機ととらえて活路を見いだす。

97

鏡水圖山

キョウスイトザン

鏡に映った川と絵に描いた山。観念的な想像図ではあるが、そこは空飛ぶ鳥すら渡れない。現実を超えた実在の世界。

98

當局者迷

キョクにあたるものはまよう

対局者は次の一手に迷うもの。囲碁や将棋の喩え。岡目八目。局外者には先が読める。当局者も局外者の目を持たねばならぬ、という戒めにも用いる。〔碧・三八頌著語〕

99

絶機絶解

キをゼツしゲをゼツす

機心（作為的なたくらみ）を消し去り、知解（さかしら）を絶ち切る。道と一体となり、道とともに遊ぶ。〔碧・四〇頌評唱〕

100

飲氣呑聲

キをのみこえをのむ

息をつめて声も出ない。無念さをこらえて黙って耐え忍ぶ。〔碧・二本則評唱ほか〕

101

銀山鐵壁

ギンザンテッペキ

堅固にそそり立つ巨大な壁。近寄りがたく、とりつく島もないようす。〔碧・普照序ほか〕

102

錦上舗花

キンジョウ はなをしく

錦の上に花を敷き詰める。美しさの上にさらに美しさを加える。不要な物を添えるという意になる場合もある。〔碧・二二垂示ほか〕

103

鵠白烏黒

くぐいはしろく からすはくろし

オオハクチョウは白く、カラスは黒い。〔碧・三〇頌〕

104

口能招禍

くちよくとがをまねく

口は災いの元。「口是禍門」とも。

105
滞句者迷
クにとどこおるものはまよう

言葉にとらわれていると真実を見失う。「逐句者迷」とも。〔碧・一二頌評唱、無・三七〕

106
句裏呈機
クリにキをテイす

一句に自己の全人格を反映させる。〔碧・九頌ほか〕

107
驚群動衆
グンをおどろかしシュをドウず

多くの人を仰天させる。〔碧・一一垂示ほか〕

108
逼塞乾坤
ケンコンにヒッソクす

天地いっぱいに満ちる。「逼塞太虚」とも。〔碧・七六垂示〕

109
動絃別曲
ゲンをはじくやキョクをわかつ

爪弾いたとたんに曲名が分かる。相手のわずかな動きからその胸中を察する。伯牙と鍾子期との故事による。〔碧・三九頌評唱〕

110
光前絶後
コウゼンゼツゴ

空前絶後。〔碧・一四頌評唱ほか〕

111
勾賊破家
コウゾクハカ

盗賊を引き入れて身代を潰す。したたかな弟子に師匠がお株を奪われる。〔臨・勘辨一、碧・四二本則著語ほか〕

112
高低普應
コウテイあまねくオウず

相手の素質の優劣にかかわらずに巧みに対応する。〔碧・一九垂示〕

113
改頭換面
こうべをあらためおもてをかう

（一）表面だけ変えること。（二）輪廻転生して異類に生まれ変わること。（三）新たな人格として立ち現れること。〔碧・四本則著語〕

114
五逆聞雷
ゴギャクライをきく

五逆の大罪を犯した者が雷鳴を耳にする。罪ある者は雷鳴に畏れてギクリとする。求道者たる者は常にそのような畏れの心を失ってはならぬという戒め。

115
言猶在耳
ことなおみみにあり

かつて聞いた言葉がまだ耳に遺っている。〔碧・四頌著語ほか〕

116
事起叮嚀
ことはテイネイよりおこる

事件が起こるのは念入りにくどくどやった結果だ。核心をつかんで的確に対処すべきだ。この「叮嚀」は、念を入れて繰り返すこと。

117
随語生解
ゴにしたがってゲをショウず
言葉づらにとらわれて解釈する。〔碧・六本則評唱ほか〕

118
語是心苗
ゴはこれこころのなえ
言葉は心から芽生えたもの。「言者志之苗」とも。

119
鼓腹謳歌
コフクオウカ
腹鼓を打ち天下太平をめでて歌う。〔碧・九本則評唱〕

120
是精識精
これセイ セイをしる
蛇の道は蛇。〔碧・八頌著語ほか〕

121
言中有響
ゴンチュウにひびきあり
言葉に人の心を打つ響きがある。〔碧・二六本則著語ほか〕

122
細嚼難飢
サイシャクうえがたし
よくかんで食べればひもじくならない。少欲知足。「細食難飢」とも。〔無・四七〕

123
頼値不會
さいわいにフエにあう
会得できなくてよかった。なまじ分かろうとしないのがよい。〔碧・一八本則著語ほか〕

124
左右逢源
サユウみなもとにあう
左右身辺のことがらが根源的理法に一致する。道を体得した者は、本質を見抜いて自在に対処する。『孟子』離婁下篇の句による。

125
斬釘截鐵
ザンテイセッテツ
徹底的な裁断、割り切り。一刀のもとに断ち切ること。〔碧・一四本則評唱ほか〕

126
地行神通
ジギョウのジンツウ
大地を足で歩いて行く（さまは一見ふつうで実は）神通力をもった人物。〔臨・示衆一〇、無・一〕

127
自救不了
ジグフリョウ
自分自身さえ救うことができない。〔碧・一垂示ほか〕

128
自作自受
ジサクジジュ
自業自得。〔碧・一五本則評唱ほか〕

129
矢上加尖
シジョウにセンをくわう
垂れた屎の上に尖った屎を重ねる。「矢」は「屎」と同音同義。

130
死中得活
シチュウにカツをう
絶体絶命の情況で活路を見出す。〔碧・四頌著語ほか〕

131
失錢遭罪
シッセンソウザイ
銭をなくして罪に訊われる。自己が本来もっているものを見失うことの罪深さを戒める語。〔碧・八頌ほか〕

132
踏著實地
ジッチにトウチャクす
しっかりと大地を踏みしめて歩む。邵雍が司馬光の人となりを「脚は実地を踏む人なり」と称えたのが有名。〔碧・七五本則著語〕

133
漆桶不會
シッツウフエ
真っ黒な漆桶のように蒙昧。また、一切の知的理解を拒絶する原初の混沌。〔碧・五本則〕

134
打破漆桶
シッツウをダハす
迷妄を打ち破って新境地を開く。「漆桶」は黒ウルシの桶、真っ黒なもので、蒙昧の象徴。〔碧・一本則評唱ほか〕

135
知而故犯
しってことさらにおかす
悪いと知りながらわざとやる。偽悪的行動。〔碧・四七頌著語ほか〕

136
至道無難
シドウブナン
至高の道は到達しにくいものではない。実はそれが至難のことだという通念が前提されている。『信心銘』の句。〔碧・二本則ほか〕

137
蹉過了也
シャカリョウヤ
すれ違ってしまった。好機を逃がしてしまった。204「當面蹉過」を参照。〔碧・二本則評唱ほか〕

138
将錯就錯
シャクをもってシャクにつく
自分のあやまちを強引に自己主張に転化する。過失を逆手に利用する。したたかさは見事だが、褒められることではない。〔碧・八本則著語ほか〕

139
且坐喫茶
シャザキッサ
まあ坐って茶など一ぷく召し上がれ。ちなみに、円仁の『入唐求法巡礼行記』巻一に、椅子に腰掛けてお茶を飲んでいたところへ僧たちがやって来たのを見て起立して立礼をし、「且坐」と唱え、ともに椅子に坐して茶を啜ったという記述が見える。〔碧・三八本則評唱ほか〕

140
随邪逐惡
ジャにしたがってアクをおう
邪悪なものに付き従う。悪乗りする。〔碧・一八本則

著語ほか〕

141
因邪打正
ジャによってショウをダす
相手の不正のおかげでまっとうさを打ち出す。

142
邪法難扶
ジャホウたすけがたし
よこしまな法は支えきれない。〔碧・二頌著語〕

143
自由自在
ジユウジザイ
思いのまま。煩悩の束縛から離れた解脱の境地をいう。〔碧・四頌評唱ほか〕

144
守株待兎
シュシュタイト
切り株に兎がぶつかって気絶するのを待っている。融通がきかないことの喩え。『韓非子』に見える有名な故事。〔碧・七頌著語ほか〕

145
巡人犯夜
シュンジンボンヤ
夜回りの役人が夜禁の掟を破る。唐代は、日没後の外出が禁じられた。その取り締まりのために役人自身は禁を犯すことになるという自己矛盾を言う。言葉を超えた真理を伝えるために言葉で表明しようという苦渋の喩え。

146
蠢動含靈
シュンドウガンレイ
うごめくもの、霊魂をもつもの。一切の生きとし生けるもの。〔碧・一〇垂示〕

147
笑中有刀
ショウチュウにかたなあり
笑顔の裏には物騒な思いが秘められている。「笑裏蔵鋒」とも。〔碧・三五頌評唱ほか〕

148
笑中有毒
ショウチュウにドクあり
笑いの中に毒がある。真意をとらえそこなうと命取り。〔碧・六六本則評唱〕

149
照天照地
ショウテンショウチ
天地を照らす。〔臨・示衆八、碧・八本則評唱〕

150
唱拍相随
ショウハクあいしたがう
歌声と手拍子との息がぴたりと合う。練達者同士の見事な応酬ぶり。〔碧・四頌著語ほか〕

151
正令當行
ショウリョウトウギョウ
天子が定めた法令が目の当たりに実施された。正しい理法を執行せよ。〔碧・三八本則著語ほか〕

152
處處全真
ショショゼンシン
いたるところに真実をまるごと顕現する。〔碧・三六頌著語〕

153
初心不改
ショシンあらためず

初心は変わらない。終始一貫している。〔碧・五五本則著語〕

154
不知最親
しらざるもっともしたし

「知らない」ということが最適である。行脚についての問答「行脚とはどういうことか」「知りません」。その「知りません」という言葉以上に親切で確かな答えは無い。

155
自領出去
ジリョウシュッコ

自分で自分をしょっ引いて出て行け。厳しく断罪する言葉。〔碧・五本則著語ほか〕

156
没溺深坑
ジンキョウにボツデキす

深い坑にはまりこむ。「深坑」は「解脱の深坑」つまり解脱したと自己満足に陥っている状態。「解脱深坑」は『碧巌録』三七本則評唱に見える。〔碧・二〇頌著語ほか〕

157
針芥相投
シンケあいトウず

天上界から投げ落とされた芥子粒が地上に立てられた針に刺さる。極めてまれな契合。

158
真常獨露
シンジョウドクロ

永遠の真実が独り露わとなる。〔碧・八六頌評唱〕

159
没溺深泉
シンセンにボツデキす

深い泉にどっぷりと沈む。修行の三昧境に沈み込んで生機を失っていることへの批判。〔臨・上堂六〕

160
随處為主
ズイショにシュとなる

いたる所で主人公となる。いかなる場合にも自らを主宰者として定立できる唯我独尊のありよう。〔臨・示衆四ほか、無・四七〕

161
水中撈月
スイチュウにつきをロウす

水に映った月をすくい取ろうとする。幻影を真実と取り違える愚かさ。効果を期待しての求道の空しさ。

162
随波逐浪
ズイハチクロウ

波にしたがい、浪をおう。余計な思慮を捨て、自由自在に身を処していく。また、主体性の無い態度を批判する意にも用いる。〔碧・八垂示ほか〕

163
頭上安頭
ズジョウにズをアンず

頭の上に頭を置く。余計なことをする愚かさの喩え。〔臨・示衆一〇、碧・一二頌著語ほか〕

164
已在言前
すでにゴンゼンにあり
言葉として発する前に分かっている。以心伝心。〔碧・二六頌著語ほか〕

165
寸釘入木
スンテイきにいる
一寸の釘を木に打ち込む。堅固不動であるとともに、身動きできない硬直性に対する揶揄。

166
弄精魂漢
セイコンをロウするカン
精魂をもてあそぶ男。一人よがりの超越的理念を振り回して、のぼせあがっている男。〔碧・八一本則著語〕

167
平歩青霄
セイショウにへイホす
青空をすたすた歩く。日常の在り方のままで、高い境地に踏み出ていること。「平歩青天」とも。〔碧・二七本則著語〕

168
青天白日
セイテンハクジツ
青い空に白く輝く太陽。悟りの境地の喩え。〔碧・四垂示ほか、無・三〇〕

169
清風明月
セイフウメイゲツ
清らかな風が吹き月が明るく輝く。迷悟の差別の無い世界。〔碧・三二頌評唱〕

170
雪上加霜
セツジョウにしもをくわう
（一）余計なことをする。（二）厳しい上に更に厳しさを加える。〔碧・四本則ほか〕

171
舌頭落地
ゼットウチにおつ
舌が地べたに落ちる。誤ったことを説くと法罰によって舌が落ちるとされる。「舌頭堕地」とも。〔碧・八本則著語ほか〕

172
舌頭無骨
ゼットウほねなし
舌に骨がない。法の説き方が滑らかで見事。しかし、皮肉がこめられる場合もある。〔無・一二〕

173
掀倒禅床
ゼンショウをキントウす
禅床をひっくり返す。〔碧・四本則評唱ほか〕

174
閃電猶遅
センデンなおおそし
稲妻もまだ遅い。

175
箭鋒相拄
センプあいささう
弓の名人同士が放った矢が空中で衝突する。互角の達人の妙技のさま。〔碧・七本則評唱ほか〕

176
賊入空城 ゾク クウジョウにいる
盗賊がもぬけのからの町に侵入する。

177
賊身已露 ゾクシンすでにあらわる
盗賊の正体はとっくにばれている。〔碧・二本則著語〕

178
與賊過梯 ゾクのためにかけはしをわたす
盗賊のためにハシゴをかけてやる。相手の増長を手助けする。〔碧・九本則評唱〕

179
認賊為子 ゾクをとめてことなす
盗人を自分の子と見誤る。つまらぬものや誤りを信条とする愚かさを言う。「認奴作郎」も同旨。

180
麤心不改 ソシンあらためず
あいかわらず粗忽。〔碧・四二本則著語〕

181
足下雲生 ソッカにくもショウず
足下に雲が湧く。神通力によって昇天すること。一種の妖術であり、禅の精神とは無関係。

182
啐啄同時 ソッタクドウジ
卵の内にいる雛と、外の母鶏との対応が一致する。師弟の呼吸がぴたりと合うこと。〔碧・一六本則評唱〕

183
對面千里 タイメンセンリ
対面しながら見て取れず、千里も隔たっているようなもの。

184
徒勞佇思 ただにチョシするにロウす
ただ突っ立って考えこむ。問題の核心を指し示されながら、即座に対応できない者への叱責。〔碧・二五頌著語ほか〕

185
珠回玉轉 たまめぐり たまテンず
真珠や宝玉が転がるように円滑。円転自在で見事な対応ぶり。〔碧・三六本則評唱〕

186
擔枷過狀 タンカ カジョウ
罪人が首かせをはめられて、自白状を差し出す。301「款出囚人口」を参照。〔碧・七本則著語ほか〕

187
獨歩丹霄 タンショウにドッポす
夕焼け空を一人で歩いていく。自由自在にして独自の境地。〔碧・三本則評唱〕

188
忠言逆耳 チュウゲンみみにさからう
忠告は聞き入れにくいもの。

189

超佛越祖

チョウブツオッソ

仏も祖師も超越する。唐末ころ主として南方で流行した宗風。〔碧・七七本則ほか〕

190

返常合道

つねにハンして みちにガッす

世の常とは反対のようでありながら実は道にかなっている。「反俗合真」とも。

191

手忙脚亂

ていそがし あしみだる

手足をばたばたする。てんてこまい。〔碧・二八本則著語ほか〕

192

入泥入水

デイにいり みずにいる

泥水の中へ踏み込む。人を導き救うために苦難をいとわないこと。〔碧・一五頌評唱ほか〕

193

拖泥帶水

デイをひき みずをおぶ

全身泥まみれになる。泥をかぶるのを承知の上で、人を導く方便として言辞を弄する。〔碧・二垂示ほか〕

194

覿面難藏

テキメンかくしがたし

目の当たりにして隠しようもない。

195

鐵樹開花

テツジュはなをひらく

鉄の樹に花が咲く。常識を超えた奇跡。〔碧・四〇垂示〕

196

鐵壁銀山

テッペキギンザン

101「銀山鐵壁」に同じ。〔碧・五七垂示〕

197

換手搥胸

てをかえむねをうつ

左右の手で交互に胸を打つ。悲歎に暮れるしぐさ。〔碧・一頌著語ほか〕

198

顚言倒語

テンゲントウゴ

ああ言ったりこう言ったり。言語を弄して、話の筋道が通じていないこと。〔碧・三五本則著語〕

199

電光石火

デンコウセッカ

稲妻や火打ち石の火花。極めて短い時間。また、非常にすばやいこと。〔碧・二六頌〕

200

倚天長劍

テンによるチョウケン

天にも届く長い剣。絶大な威力の喩え。〔碧・一〇頌評唱ほか〕

201

撐天拄地

テンをささえ チをささう

天地を支える。我が身ひとつで宇宙の秩序を成り立たせようという気宇壮大さ。また、誇大妄想ぶりに対する皮肉。〔碧・一六本則著語ほか、無・四四〕

202
道聴途説
ドウチョウトセツ
道ばたで耳にしたことをすぐまたそこで人に話す。請け売り。『論語』陽貨篇の「道聴而塗説 徳之棄也（道に聴きて塗に説くは、徳をこれ棄つるなり）」による。

203
同道唱和
ドウドウショウワす
同じ道を行き互いに唱和する。気の合った者同士のこと。〔碧・一六頌評唱〕

204
當面蹉過
トウメンにシャカす
目の当たりにしながら、それに気づかず、すれ違いに終わる。137「蹉過了也」を参照。〔碧・二本則評唱ほか〕

205
知過必改
とがをしってかならずあらたむ
自分の過失と気づいたら必ず改める。『千字文』の一句。〔碧・四本則著語ほか〕

206
以毒攻毒
ドクをもってドクをせむ
毒を以て毒を制す。相手と同じ手段で相手を制圧する。相手の悪辣な企みをそのまま逆手に取って圧倒する。

207
土上加泥
ドジョウにデイをくわう
土の上に泥を加える。無駄なこと。「土上更加泥」とも。〔碧・五本則評唱ほか〕

208
突出難辨
トッシュツ ベンじがたし
突如として出現したものは見分けがたい。

209
突然獨露
トツゼンとしてひとりあらわる
いきなり独自の境地を露呈する。〔碧・一二本則評唱〕

210
觸途成滯
トにふれてタイをなす
どのみち立ち往生。〔碧・四五本則評唱〕

211
土曠人稀
ドひろく ひとまれなり
曠野に人影がほとんど見えない。〔碧・六一頌著語ほか〕

212
畫虎成狸
とらをえがいてリをなす
虎の絵を描こうとしてヤマネコの絵ができあがる。高望みして失敗し、もの笑いのたねとなること。

213
鳥飛毛落
とりとんで けおつ
鳥が飛ぶと毛が落ちる。行動を起こせば必ずその痕跡を残すことになる。〔碧・二本則著語ほか〕

214
見兎放鷹
トをみて たかをはなつ
兎を発見したら鷹を放つ。チャンスを捉えて即応すること。〔碧・二七垂示ほか〕

215
鈍鳥向風
ドンチョウかぜにむかう

にぶい鳥は風に向かって飛ぶ。

216
猶較些子
なおすこしくたがえり

まだもう一息だ。〔碧・一本則評唱ほか〕

217
二龍争珠
ニリョウたまをあらそう

二匹の龍が一つの珠を取り合う。両雄の一騎打ち。〔碧・六五本則評唱〕

218
忍俊不禁
ニンシュンフキン

腕前を発揮したくてむずむずする。技癢をこらえきれない。〔碧・四八本則評唱、無・二九〕

219
白雲萬里
ハクウンバンリ

一万里にもたなびく白雲。茫洋として核心の捉えようのないありよう。〔碧・八五頌評唱〕

220
白圭無玷
ハクケイきずなし

きずの無い白い宝玉。宝玉のきずは磨いて修整できるが、失言は訂正し難い。言葉をつつしむべきことの喩え。〔碧・八頌〕

221
白日青天
ハクジツセイテン

雲ひとつない青空に太陽が白く輝く。168「青天白日」に同じ。〔碧・六頌評唱ほか、無・二五〕

222
白日迷路
ハクジツにみちにまよう

明るいところで道に迷う。「青天白日有迷路人（セイテンハクジツにみちにまようひとあり）」とも。

223
有始有終
はじめあればおわりあり

始めが有り、終わりが有る。〔碧・五六本則著語〕

224
道頭會尾
はじめをいえばおわりをエす

はじめを言えばおわりを悟る。一言ですべてを理解する。〔碧・六四本則評唱〕

225
飯裏有砂
ハンリにいさごあり

飯の中に砂が有る。ありがたい言葉の中にトゲが有る。〔無・三二〕

226
問東答西
ひがしをとわれ にしをこたう

はぐらかして答える。〔碧・一二本則評唱〕

227
光境倶忘
ひかりとキョウとともにほろぶ

見るもの（光）と見られるもの（境）とがともに無くなる。そこに存在するものは何か。〔碧・八六本則評唱ほか〕

228
失却鼻孔
ビクウをシッキャクす

鼻を無くす。「鼻」は顔を顔たらしめる急所、その人の存在証明となるもの。それを喪失することは、自己の存立基盤を失うこと。〔碧・三二本則著語ほか〕

229
穿却鼻孔
ビクウをセンキャクす

鼻に穴をあける。鼻綱を通して自由を奪う。〔碧・四頌著語ほか〕

230
人離郷賤
ひとはキョウをはなれていやし

人は故郷を離れると見下げられる。故郷ほど住みよいところは無い。

231
停囚長智
ひとやにとどまってチをチョウず

囚人を長く拘置すると悪知恵を増長させる。鍛錬を重ねた修行者のしたたかさを、皮肉まじりに褒める。〔碧・一八本則著語ほか〕

232
火暖水冷
ひはあたたかに　みずはひややかなり

火は暖かく、水は冷たい。

233
百發百中
ヒャッパツヒャクチュウ

どの発言も的を射とめる。〔碧・六九頌評唱ほか〕

234
風塵草動
フウジンソウドウ

風に塵が舞い草が揺れる。作用の微妙なこと。〔碧・二四本則評唱〕

235
深辨来風
ふかくライフウをベンず

吹いて来る風を深く読む。相手の出方を慎重に見分ける。〔碧・四本則評唱ほか〕

236
覆水難収
フクスイおさめがたし

覆水盆に返らず。

237
無事生事
ブジにジをショウず

わざわざ事を構える。〔碧・八本則評唱ほか〕

238
殺佛殺祖
ブツをころしソをころす

仏や祖師の絶対化を拒否し、自己を主体として打ち出す。権威を絶対化することは権威者を殺す結果となる。〔碧・六本則評唱〕

239
和麩糶麵
フをワしてメンをうる

ふすまを混ぜて麦粉を売る。指導のためにしたたかな手段をとること。嘘も方便。

240
分疎不下
ブンソフゲ

釈明しきれない。〔碧・二本則評唱ほか、無・一九〕

241
有放有収 ホウありシュウあり
ゆるめたり、ひきしめたり。〔碧・四六頌著語〕

242
傍観有分 ボウカンブンあり
岡目八目。〔碧・一四頌著語〕

243
把定封疆 ホウキョウをハジョウす
独自の世界をしかと守る。〔碧・四九本則評唱ほか〕

244
放去収来 ホウコシュウライ
ゆるめたり、ひきしめたり。〔碧・四本則著語ほか〕

245
傍若無人 ボウジャクブジン
周囲の人におかまいなしに傲然と振る舞う。〔碧・六一頌著語、無・六〕

246
忘前失後 ボウゼンシツゴ
おのれを見失う。〔碧・二本則評唱ほか〕

247
棒頭有眼 ボウトウにまなこあり
棒の先には打つべき相手を見抜く眼が有るはずだ。やたらに打つものではない。〔碧・七五本則ほか〕

248
識法者懼 ホウをしるものはおそる
法を心得ている者は自らを慎むものだ。〔碧・一〇頌評唱ほか〕

249
轉凡成聖 ボンをテンじショウとなす
凡人を聖者に仕上げる。

250
松直棘曲 まつはなおく おどろはまがれる
松の木はまっすぐに、イバラの木はまがりくねる。それぞれの在り方。「松自直 棘自直」とも、また、逆に「松不直 棘不直」ともいう。

251
眉分八字 まゆハチジにわかる
「八」の字のような眉。偉人の相。伝説上の聖天子である堯の眉が「八」の字のようだった。〔碧・三〇本則著語〕

252
萬法歸一 マンポウキイツ
森羅万象は一つの根源的な原理にもとづいている。〔碧・四五本則〕

253
滿目青山 マンモクセイザン
見渡す限り青い山なみが連なる。〔碧・七本則評唱〕

254
水到渠成
みずいたってみぞなる

水が到来して水路ができる。その時が来れば自然に成就する。〔碧・六頌評唱ほか〕

255
借水獻花
みずをかりてはなをケンず

借りた水を花にやる。人の褌で相撲を取る。「借花獻佛」とも。

256
塡溝塞壑
みぞにみち ガクにふさがる

渓谷を埋め尽くす。屍体が累々と重なるようす。戦乱や飢饉による惨状。〔碧・一六頌著語ほか〕

257
亂呈懞袋
みだりにモウタイをテイす

むやみやたらに馬鹿をさらす。〔碧・五〇頌評唱〕

258
路不拾遺
みちにおちたるをひろわず

道路に落ちている物をくすねて拾う者がいない。天下がよく治まっているようす。「平常心」のありよう。

259
密密通風
ミツミツフウをツウず

秘密裏に風が通じる。究極の真理と奥深いところで通じる。言葉に依らず直覚的に真実を体得する。また、すぐれた人格者同士の気脈が通じ合うこと。

260
掩耳偸鈴
みみをおおってすずをぬすむ

耳をふさいで鈴を盗む。愚かな自己欺瞞。〔碧・八五本則〕

261
藏身露影
みをかくしてかげをあらわす

体を隠しても影が見えている。頭かくして尻かくさず。〔碧・二八本則著語ほか〕

262
夢幻空花
ムゲンクウゲ

「空花」は眼を患ったときに空中にちらちら見えるもの、実体の無いものの喩え。〔臨・示衆一〇〕

263
無繩自縛
ムジョウジバク

縄など無いのに自分で自分を縛る。既成観念にとらわれていることの自覚すらない者を批判する言葉。〔臨・上堂六〕

264
明月清風
メイゲツセイフウ

169「清風明月」に同じ。〔碧・六本則著語〕

265
抛向面前
メンゼンにホウコウす

面前に差し出す。〔碧・一頌評唱ほか〕

266
摸索不著
モサクフジャク

探り当てられない。〔碧・一本則著語ほか〕

267
依模脱出
モによりぬきだす

型どおりに表出する。ワンパターンの対応。「一模脱出」とも。〔碧・七本則著語〕

268
箭過新羅
やシンラにすぐ

矢は遠く新羅まで飛んでいった。唐代では、新羅は地の果てというイメージ。「箭」は、相手の放った言葉。問題の核心を捉えそこなった相手を批判する。〔碧・一本則著語ほか〕

269
柳緑花紅
やなぎはみどり はなはくれない

うららかな春景色。すべてがあるべきようにあるめでたさ。

270
山崩石裂
やまくだけ いしさく

山がくずれ石が裂ける。「山高石裂」と同旨。〔碧・五七本則著語〕

271
箭不虚發
やみだれにハッせず

無駄な矢は射ない。百発百中。〔碧・二四本則著語ほか〕

272
如湯消氷
ゆのこおりをショウするがごとし

湯が氷をとかすように、たちまち、たやすく始末すること。〔碧・九七本則著語〕

273
弓折箭盡
ゆみおれやつく

弓が折れ矢が尽きる。なすすべがなくなる。〔碧・五六本則評唱〕

274
来風可鑑
ライフウかんがみるべし

その出方は模範とするに足る。

275
来風深辨
ライフウふかくベンず

ご質問の趣旨、とくとこころえました。〔碧・七三本則評唱ほか〕

276
理長則就
リチョウずればすなわちつく

筋が通っていると見たら、そちらに就く。柔軟な精神をもって対処する。〔碧・二八本則著語〕

277
龍頭蛇尾
リュウトウダビ

頭でっかち尻すぼみ。〔碧・一〇本則著語ほか〕

278
踏著龍頭
リュウトウをトウジャクす

龍の頭を踏みつける。〔碧・七頌著語〕

279
両重公案 リョウジュウのコウアン
二重に混乱した裁判の案件。また、過失の上に過失が重なっている事態。〔碧・一頌著語ほか〕

280
両頭三面 リョウトウサンメン
本当の素顔を見せないようす。本音を明かさぬしたたかな変幻ぶり。また、いろいろに表情を変えて人に取り入る愚劣さ。〔碧・二本則著語ほか〕

281
驪龍玩珠 リリョウたまをもてあそぶ
驪龍はあごの下に宝珠をもち、それは仏性に喩えられる。その宝珠を龍自身がめでている情景。自己陶酔。〔碧・六二頌著語〕

282
抛綸擲鉤 リンをなげうち コウをなげうつ
釣り糸を垂れて、獲物を待つ。

283
霊亀曳尾 レイキ おをひく
霊験あらたかな亀が泥の中を這い歩き、尾の跡を残す。すぐれた禅者が言葉を用いて懇切に教化すること。尾の跡を残した亀は捕えられて亀卜に用いられてしまうように、禅者が言葉を用いることは実は危険な場合もある。〔碧・四本則著語ほか〕

284
冷暖自知 レイナンおのずからしる
水は飲んでみれば、その冷たさ暖かさが実感できる。体験してこそ分かる。〔無・二三〕

285
令不虚行 レイはむなしくはおこなわれず
法令は実効無しには執行されない。〔碧・二六本則著語、無・一四〕

286
労而無功 ロウしてコウなし
骨折り損のくたびれもうけ。『荀子』正名篇や『荘子』天運篇などの句による。〔碧・八四頌著語ほか〕

287
漏逗不少 ロウトウすくなからず
破綻が少なくない。大きなほころびを見せた。見かけ倒しの人物がお粗末な内実をさらけ出したことへの批判。〔碧・二頌評唱ほか、無・二七〕

288
老婆心切 ロウバシンセツ
老婆のように心遣いが親身。〔碧・方回序ほか〕

289
認驢作馬 ロをとめてバとなす
ロバを馬として認定する。とんでもない勘違いをする。「指鹿為馬」とも。

290
話作両橛
ワリョウケツとなる
話題が二つに割れる。二項対立に陥る。〔碧・八二本則著語〕

291
禍出私門
わざわいシモンよりいづ
自分からわざわいを起こす。〔碧・一五頌評唱ほか〕

5字

292
惡水驀頭澆
アクスイマットウにそそぐ
汚水をまっこうからぶっかける。相手が抱え込んでいる価値観や自尊心に向けて正面から冷や水を浴びせる。〔碧・一本則評唱ほか〕

293
迷頭還認影
あたまにまよいかえってかげをみとむ
61「迷頭認影」に同じ。〔碧・四三本則評唱〕

294
雨下地上濕
あめくだってチジョウうるおう
雨が降れば地は湿る。〔無・三四〕

295
一字不著畫
イチジカクをつけず
「一」の字を書いて横画を引かない。事をなして痕跡をとどめないこと。「寫一字不著畫」とも。

296
一棒一條痕
イチボウイチジョウコン
一打ごとに傷跡をのこすような痛棒で徹底的に叩き上げる。〔碧・七八本則著語ほか〕

297
一箭中紅心
イッセンコウシンにあたる
一発で的の図星に当たる。ぴたり的中。

298
一箭落雙鵰
イッセンソウチョウをおとす
一本の矢で二羽のオオワシを射落とす。一石二鳥。〔碧・七二頌評唱ほか〕

299
騎牛更覓牛
うしにのりさらにうしをもとむ
74「騎牛覓牛」「騎牛求牛」に同じ。

300
鰕跳不出斗
えびはぬれどもトをいでず

エビは斗の中に入ってしまったら、跳ね出せない。「斗」は水中に沈めて魚介を捕る仕掛けで、口が漏斗状になっている。教条や観念にとらわれて自縄自縛に陥った状態の喩え。「鰕」は「蝦」とも書く。〔碧・六本則著語ほか〕

301
款出囚人口
カンはシュウジンのくちよりいづ

自白は囚人の口から出る。当人の内実が、他人によって暴かれるのでなく、本人自身の口から語られる。186「擔枷過状」と同旨。〔碧・一五本則著語〕

302
堕在鬼窟裏
キクツリにダザイす

303「落在鬼窟裏」に同じ。〔碧・三二本則著語ほか〕

303
落在鬼窟裏
キクツリにラクザイす

幽鬼の巣窟に落ち込む。迷妄を悟りの境地と取り違えて、そこに腰を据えてしまう。〔碧・四二本則著語〕

304
脚下太泥深
キャクカはなはだデイふかし

足下は深い泥の中。相手の身になって泥の中まで踏み込む親切さ。また、そこまですることはなかろうに、という揶揄。〔碧・二一本則評唱ほか〕

305
脚跟不點地
キャクコンチにテンぜず

足が地についていない。「脚踏實地」の反対。「脚跟未點地」とも。〔臨・行録五、碧・二五本則評唱〕

306
扶強不扶弱
キョウをたすけてジャクをたすけず

強い者をたすけて弱い者をたすけない。強くなければ受けとめられないことを弱いものには伝えようがない。〔碧・五一本則評唱〕

307
銀椀裏盛雪
ギンナンリにゆきをもる

銀の椀に雪を盛る。個別の相対性が消滅して痕跡を留めないことの喩え。〔碧・一三本則ほか〕

308
溪梅一朶香
ケイバイイチダこうばし

谷川沿いに咲く梅の一枝からの香。

309
好事不如無
コウジはなきにしかず

よい事は無い方がよい。うまい話は無い方がましだ。〔碧・六九頌著語ほか〕

310
巧匠不留蹤
コウショウはあとをとどめず

名工は細工の跡を遺さない。〔碧・八八頌著語〕

311
荒草裏横身
コウソウリにみをよこたう

荒れ草の中に身を投げ出す。「荒草」は煩悩にまみれた汚濁の世界の喩え。濁世の現実社会に居座る、したたかな気概。〔碧・一五本則著語〕

312
虚空駕鐵船
コクウテッセンをガす

虚空に鉄の船を就航させる。「雲中駕鐵船」「空中駕鐵船」とも。

313
虚空無背面
コクウハイメンなし

虚空には裏側が無い。「虚空」は真如や仏性の喩え。裏側が無いとは、表裏という相対性を超えていること。真理の絶対性を言う。

314
虎口裏横身
ココウリにみをよこたう

虎の口の中に身を横たえる。命がけの求道修行。〔碧・五垂示ほか〕

315
古今無二路
ココンにニロなし

むかしも今も達人の歩む道は一つ。「古今無二路、達者共同途」という。

316
按牛頭喫草
ゴズをアンじてくさをキッせしむ

牛の頭を押さえつけてまぐさを食べさせる。〔碧・七六頌ほか、無・一七〕

317
乞兒弄飯椀
コツジハンワンをロウす

乞食が飯茶椀をいじくる。物欲しげな様子。自らのうちにある本来のものに気づかず、他人から教え示されることを求めるばかりの情けなさを諷する。

318
枯木再生花
コボクふたたびはなをショウず

枯れ木に花が咲く。息絶えた人が再び息を吹き返し、新たな再生の転機を迎える。「枯木生花」とも。〔碧・二頌著語〕

319
金剛王寶劍
コンゴウオウホウケン

一切の物を自在に断ち切るダイヤモンドの宝剣。衆生に内在する仏性の喩え。〔碧・八四頌著語ほか〕

320
崑崙嚼生鐵
コンロンショウテツをかむ

崑崙山が鉄をがりがり齧る。巨大な山塊が頑丈な鉄を噛み砕く、それほどの絶大な気魄を持て。

321
崑崙著鐵袴
コンロンテッコをつく
大力無双の力士が鉄のフンドシを着けた。勝負は決まった。

322
作者知機變
サクシャキヘンをしる
練達の禅者は、臨機応変を心得ている。「作者」は、熟練した禅匠、したたかなやり手の禅僧の意。〔碧・一〇頌ほか〕

323
捧上不成龍
ささげあぐれどもリュウとならず
天まで持ち上げてやっても龍に成らない。到底ものに成らぬ奴。

324
直心是道場
ジキシンこれドウジョウ
誠実な心こそが修行を完成させる場である。

325
入地獄如箭
ジゴクにいることやのごとし
地獄行きは飛んでいく矢のようだ。〔碧・一四本則評唱ほか、無・四四〕

326
自屎不覺臭
ジシくさきことをおぼえず
自分の垂れた屎の臭さには気がつかない。〔碧・七七頌著語ほか〕

327
屎臭氣薰人
シシュウキひとにクンず
屎の臭いが他人に染みつく。鼻持ちならない態度の喩え。〔碧・九八本則評唱〕

328
死水不藏龍
シスイリョウをかくさず
よどんだ水は龍の棲家にならない。生機の無いところに逸物はいない。〔碧・二〇頌評唱ほか〕

329
赤脚上刀山
シャクキャクしてトウザンにのぼる
はだしで地獄の刀山に登る。〔無・一七〕

330
小魚呑大魚
ショウギョタイギョをのむ
小さな魚が大きな魚を呑み込む。

331
逼生蠶作繭
ショウサンをせめてケンをなさしむ
未成熟の蚕に無理やり繭を作らせる。修行中の未熟者に無理強いすること。

332
憐兒不覺醜
ジをあわれんでみぐるしきをおぼえず
わが子かわいさゆえに、その醜さに気づかない。愛弟子に対する評価の甘さを批判して言う。〔碧・三八本

則評唱、無・二八〕

333
針眼裏蔵身 シンガンリにみをかくす
針の穴に身をかくす。

334
親言出親口 シンゲンシンコウよりいづ
自分のことが自分の口から出る。その人を批判するのにぴったりの言葉がその人自身の口から出て来た。〔碧・一〇頌著語ほか〕

335
青天轟霹靂 セイテンにヘキレキをとどろかす
青天の霹靂。〔碧・七九本則著語〕

336
舌上有龍泉 ゼツジョウにリョウセンあり
舌に名剣「龍泉」が有る。言葉が命を奪うほどの鋭利さを帯びている。

337
雙劍倚空飛 ソウケンクウによってとぶ
二振りの剣が空中を飛び回る。問いの鋭さを讃えた語。〔碧・六五本則著語ほか〕

338
賊過後張弓 ゾクすぎてのちゆみをはる
盗賊が立ち去ってから、弓を準備する。まったくの手遅れ。〔碧・四本則著語ほか〕

339
作賊人心虚 ゾクとなるひとこころいつわる
悪事をはたらく者は内心びくついているものだ。他人の言葉を盗用する者の心情について言う。〔碧・八本則〕

340
祖師西来意 ソシセイライイ
達磨が西のインドから中国へとやって来た意味。仏法の根本義。〔碧・一七本則ほか〕

341
大功不立賞 ダイコウはショウをたてず
あまりに偉大な功績には褒賞など与えようがない。〔碧・八八頌著語〕

342
大地黒漫漫 ダイチコクマンマン
大地はどこまでも真っ黒。〔碧・六八頌著語〕

343
大地絶纎埃 ダイチセンアイをゼッす
大地には塵ひとつ無い。絶対的な真理の眼にうつる心境。〔碧・三六頌〕

344
大道透長安 ダイドウチョウアンにとおる
天下の大道は都の長安へと通じている。「道とはどういうものか」に対する答え。〔碧・五二本則評唱〕

345
對面隔千里
タイメンセンリをへだつ
183「對面千里」に同じ。

346
重言不當吃
チョウゲンキツにあたらず
重ねて同じことを言うのは、どもりのせいではない。なんども言ってやっているのに、ちゃんと聞き取れぬのか。〔碧・一二頌著語〕

347
通身無影像
ツウシンヨウゾウなし
全身に影も形も無い。全てが本体そのもの。〔碧・九〇本則著語〕

348
泥裏洗土塊
デイリにドカイをあらう
泥水の中で土塊を洗う。洗えば洗うほどドロドロになっていく。無意味な行為。また、土塊を泥水と一体化させてしまうように、痕跡を留めぬ所行の見事さ。〔碧・一四頌著語ほか〕

349
鐵蛇横古路
テツジャ コロによこたう
鉄の蛇が古い路に横たわっている。「古路」は仏によって説き示された道。その道を進むことの苦難の厳しさ。

350
鐵船水上浮
テッセンスイジョウにうかぶ
鉄の船が水の上に浮かぶ。鉄の船など実際には無かった時代に言われた奇跡の喩え。

351
把手上高山
てをとってコウザンにのぼる
手を取り合って高い山に上る。高尚の士の高雅な交わり。

352
疑殺天下人
テンカのひとをギサツす
天下の人すべてに難問を投げかける。「殺」は意味を強める助字。〔碧・二一本則著語〕

353
天晴日頭出
テンはれてジットウいづ
空が晴れて太陽の光がさしてくる。〔無・三四〕

354
等閑垂一釣
トウカンにイッチョウをたる
なにげなく釣り糸を垂らす。それとなく尋ねる。〔碧・四六本則著語〕

355
同坑無異土
ドウキョウにイドなし
同じ穴の貉。「坑」は矮小な世界であり、そこで完結して収まっている限り、進展はない。〔碧・一二頌著語ほか〕

356
獨坐大雄峰
ドクザダイユウホウ
一人この大雄山に坐している。唐の百丈禅師の自尊の表明。〔碧・二六本則〕

357
獨掌不浪鳴
ドクショウみだりにならず
片方の手のひらでは、おいそれとは鳴らない。もう一方の手を出せ、という詰問。〔碧・一八本則〕

358
同途不同轍
トをおなじうしテツをおなじうせず
同じ道を行ってもその跡は同じでない。歩き方は人によって違う。〔碧・二二本則評唱ほか〕

359
鈍鳥不離巣
ドンチョウすをはなれず
にぶい鳥は巣から離れない。

360
鈍刀不截骨
ドントウほねをきらず
にぶい刀では骨を断ち切れない。

361
等閑上一釣
なおざりにイッチョウにのぼる
おいそれと釣り上げられた。投げかけられた問いに、ひょいと答えた。

362
猶有這箇在
なおシャコのあるあり
まだふっきれていないものがある。「没蹤跡」に至り得ていない。

363
日日是好日
ニチニチこれコウニチ
毎日がめでたい。求道者としてあることの自覚のめでたさ。「好日」は「コウジツ」とも。〔碧・六本則〕

364
白馬入蘆花
ハクバ　ロカにいる
白い馬が白い蘆の花の中に入る。差別の相が消えて痕跡を留めないことの喩え。〔碧・一三本則著語〕

365
春無三日晴
はるにみっかのはれなし
春の天気は変わりやすい。

366
不直半文銭
ハンモンセンにあたらず
半文の値打ちも無い。相手の対応のお粗末さを叱る言葉。「不直半分銭・不直半文・不直一文銭・不直五文銭・不直五分銭」とも。〔碧・一本則著語ほか〕

367
萬里一條鐵
バンリイチジョウのテツ
一万里の長さの一筋の鉄。連綿と続く堅固な伝統などの喩え。

368
嚼飯餵嬰兒
ハンをかんでエイジをやしなう
飯粒を噛み砕いて嬰児に食べさせる。老婆心切な教導法。

369
日出乾坤輝　ひいでてケンコンかがやく
太陽が出て天地が明るく輝く。

370
眉毛横眼上　ビモウガンジョウによこたう
眉は眼の上に横むきについている。それぞれ在るように定まっていること。

371
平常心是道　ビョウジョウシン これ みち
ふだんの当たりまえな心こそが道である。

372
貧兒思舊債　ヒンジキュウサイをおもう
貧乏人が昔の借金について思いなやむ。今さら払えもしないのに、笑止の沙汰。身の程知らずの思い上がり。〔碧・一本則著語ほか〕

373
鉤在不疑地　フギのチにコウザイす
疑問など有り得ないところに引っ掛かって惑う。〔碧・二一本則著語〕

374
無事是貴人　ブジこれキニン
なすべきことのもはやない者こそ貴人である。

375
佛眼覷不見　ブツゲンみれどもみえず
仏の眼でも見えない。〔碧・二四垂示ほか〕

376
佛法無多子　ブッポウタスなし
仏法は端的である。「多子」とは、より多い、必要以上のもの。「無多子」は余分なものが無いということ。〔碧・一一本則評唱〕

377
歩歩是道場　ブブこれドウジョウ
一歩一歩が道場である。日常の営為の一つ一つが求道者の生き方にほかならない。

378
蚊子上鐵牛　ブンステツギュウにのぼる
蚊が鉄の牛を刺そうとする。身の程知らずの行為。あるいは、つまらぬ者など寄せ付けぬ偉大さを言う。〔碧・五八本則著語〕

379
平地起骨堆　ヘイチにコッタイをおこす
平らな土地にうず高く盛り土をする。平常で無事なところに、ことさらな波瀾を起こす。

380
偏界不曽蔵　ヘンカイかつてかくさず
世界のどこにも隠れていない。常に堂々とあらわれ出ている。「偏界不蔵」とも。〔碧・三四頌評唱ほか〕

381
北斗裏蔵身　ホクトリにみをかくす
北斗は天帝の乗る車。天帝すなわち全宇宙の主宰者の地位にいて、その姿は現さない。

382
本来無一物
ホンライムイチモツ
一切は空無であり実体はない。〔碧・方回序ほか〕

383
松無古今色
まつにココンのいろなし
860「松無古今色 竹有上下節」を参照。

384
拽却漫天網
マンテンのあみをエイキャクす
満天に広がる網を引きめぐらした。〔碧・四五本則著語〕

385
飲水知地脈
みずをのんでチミャクをしる
湧き水を飲んでみて地中の水脈を判断する。外に現れたものから、隠れた内実を見て取る。

386
飲水貴地脈
みずをのんでチミャクをとうとぶ
湧き水を飲んでその源である地下の水脈の貴さを知る。自分がよって立つ根本にある恩を忘れない。

387
捨身入虎穴
みをすててコケツにいる
生命を賭して困難に立ち向かう。

388
横身當宇宙
みをよこたえてウチュウにあたる
全身を投げ出して世界と対峙する。

389
山深雪未消
やまふかくしてゆきいまだきえず
山深い土地の雪はまだ消えない。釈迦が苦行した時の山中の雪は今なお眼前の雪としてある。

390
鷂子過新羅
ヨウスシンラにすぐ
ハヤブサはもう新羅まで飛んでいった。一瞬のすれ違いで、もはや手遅れ。〔碧・一頌評唱〕

391
依樣畫猫兒
ヨウによりてミョウジをえがく
手本どおりに猫を画く。創意も工夫もないこと。「依様畫胡蘆(手本どおりにヒョウタンを描く)」とも。〔碧・九三本則著語ほか〕

392
好與三十棒
よしサンジュウボウをあたえん
三十たたきにしてやれ。〔碧・一本則著語ほか〕

393
黨理不黨情
リにトウしてジョウにトウせず
真理に与《くみ》して、人情に流されない。〔碧・六七本則著語〕

394 **老拳不妄發** ロウケンみだりにハッせず
年季の入った拳骨はやたらに振り回さない。

395 **和氣兆豊年** ワキはホウネンをうらなう
季節が順当なのは豊年のきざし。

6字

396 **因一事長一智** イチジによってイッチをチョウず
一つの経験によって、一つ知恵がつく。「因事長智」とも。

397 **一不做二不休** イチなさざればニキュウせず
一は、やらない。二は、やめない。やるなら、とことんやり抜く。中途半端では悔いを残す、徹底的にやり通せ。毒を食らわば皿まで。「一不作二不休」とも。〔碧・七九本則評唱〕

398 **一不成二不是** イチなさざればニラゼ
一もサマにならず、二もニセモノ。ぜんぜんダメ。「一不成両不是」とも。

399 **一花開世界起** イッカひらきてセカイおこる
花一輪開けば、そこに世界が始まる。〔碧・一九垂示〕

400 **一花開天下春** イッカひらきてテンカはるなり
一つの花が開くと天下が春だと知れる。

401 **一切色是佛色** イッサイシキこれブッシキ
一切の色は仏の色。402「一切聲是佛聲」を参照。

402 **一切聲是佛聲** イッサイショウこれブッショウ
一切の声は仏の声。全世界は法身（真理の身体）である。ただし、そう見ることを平板な世界観として切って捨てる立場もある。〔碧・七九本則〕

403 **一死更不再活** イッシさらにサイカツせず
一度死んだら二度と生きかえらぬぞ。〔碧・二頌著語ほか〕

404
一手擡一手搦
イッシュタイ イッシュジャク
一方の手では持ち上げ、一方の手では抑え付ける。巧みな方便。〔碧・一六垂示ほか〕

405
去却一拈得七
イツをコキャクし シチをネントクす
一を捨て去り、七を取り上げる。「一」は唯一の根源、「七」は多様な個別性。その両者を自在に手玉にとる鮮やかな価値転換。〔碧・六頌〕

406
面赤不如語直
おもてのあかからんよりはゴのなおきにしかじ
顔を赤らめ躊躇するより、率直にずばりと言い切ることだ。〔碧・三三本則著語ほか〕

407
見面不如聞名
おもてをみるは なをきくにしかず
面会してみたら、噂ほどではなかった。

408
客是主人相師
カクはこれシュジンのソウシ
客人は主人にとっては人相見である。主人の力量を見抜くほどでなければ客たる資格は無い。

409
家醜不可外揚
カシュウはそとにあぐべからず
家庭内のぶざまな姿を口外するものではない。真の求道者は内省し深く羞じる人でなければならない。

410
頭不缺尾不剰
かしらかけず おあまらず
頭も尾もちょうどぴったり。始めと終わりとが過不足無く完結している。完璧な応酬ぶり。

411
風従虎雲従龍
かぜはとらにしたがい くもはリュウにしたがう
風は虎を追って吹き、雲は龍を追って湧く。虎が嘯けば風が起こり、龍が吟ずれば雲が湧き出る。玄妙な現象のただならぬ風光。もとは『易』の乾卦文言伝。

412
臥龍不鑑止水
ガリョウはシスイにうつさず
臥龍は静まりかえった水面に姿を映したりしない。「止水」つまり流動を止めた水は、一つの境地に収まってしまうことの象徴。水清ければ魚すまず。〔碧・九五頌ほか〕

413
甘草甜黄連苦
カンゾウはあまし オウレンはにがし
薬草のカンゾウは甘く、オウレンは苦い。物それぞれの本性は天然である。「甘草甜黄檗苦」とも。

414
眼裏沙耳裏土
ガンリのシャ ニリのド
眼に砂が入り、耳に土が詰まる。見えず聞こえない。知覚を絶ち切った、愚昧とも見える心境。『碧巌録』二五頌に「眼裏塵沙耳裏土」と。

415
擬議白雲萬里
ギギせばハクウンバンリ
ためらえば万里のかなたの白雲のように勘どころから遠ざかる。機会を逃すな。

416
鬼窟裏作活計
キクツリにカッケイをなす
幽鬼の棲家で暮らす。迷妄の心境をおのれの悟境と取り違えて安住することの喩え。〔碧・五本則評唱ほか〕

417
龜毛拂兎角杖
キモウのホツ トカクのジョウ
亀の毛の払子と兎の角の拄杖。「龜毛」「兎角」は有り得ない物の代表例。

418
急水上打毬子
キュウスイジョウにキュウスを夕す
急流上でポロの球を打つ。目にも止まらぬ素速い動作。意識の変転の速さの喩え。〔碧・八〇本則〕

419
強将下無弱兵
キョウショウカにジャクヘイなし
強将の下に弱卒無し。

420
魚目比況明珠
ギョモクをメイシュにヒキョウす
魚の目玉を真珠と比べる。外見だけ似ていて実質は全く異なること。〔碧・九本則評唱〕

421
金烏急玉兎速
キンウキュウにギョクトすみやかなり
月日は急速に過ぎていく。「金烏」は日、「玉兎」は月のこと。また、間髪を容れぬ俊敏な応答の喩え。〔碧・一二頌〕

422
撃碎金鎖玄闢
キンサゲンカンをゲキサイす
黄金の錠前や玄妙なかんぬきを打ち砕く。〔碧・八八

垂示〕

423
打草祇要蛇驚
くさを夕せばただジャのおどろかんことをヨウす
草をたたくのは、隠れている蛇を驚かせればそれでよい。教えを垂れるのは、ただ気づかせるためにほかならない。「打草驚蛇」は、(一)あるものを打つことによって別のものに見せつける。(二)不用意に出て相手に警戒心を起こさせる。藪蛇。〔碧・八八本則著語〕

424
君子千里同風
クンシはセンリドウフウ
君子は遠く隔たっていても意気が通じ合う。

425
好語不可説盡
コウゴはときつくすべからず
うまい言葉は最後まで言い切ってはならない。言い尽くせるものではない。

426
好事不在忽忙
コウジはソウボウにあらず
よいことを招くにはあたふたするものではない。

427
好兒不使爺錢
コウジヤセンをつかわず
よい子は親の金銭を使わない。他人に頼らず自立せよ。

428
紅爐上一點雪
コウロジョウイッテンのゆき
真っ赤に燃える炉の上の一片の雪。瞬時に消滅して痕跡を留めぬもの。「紅爐一點雪」とも。〔碧・六九垂示〕

429
入虎穴捋虎鬚
コケツにいってコシュをひく
虎の住む穴に入り、虎の鬚を引っぱる。身の程知らずの無謀な振る舞い。また、必死の覚悟で危難に挑戦すること。

430
擒虎兕辨龍蛇
コジをとらえ リョウダをベンず
虎や兕をつかまえ、龍と蛇とを見分ける。絶大な力量。「兕」はサイのような猛獣。〔碧・六八垂示〕

431
踞虎頭収虎尾
コトウにすわり コビをおさむ
虎の頭にまたがり、虎の尾を手中にする。大力量を身につける。「據虎頭収虎尾」とも。〔碧・四九垂示〕

432
狐狸難隠本形
コリホンギョウをかくしがたし
狐狸の化けの皮は剥がれやすい。野狐禅の正体は必ず明かされる。「狸」はタヌキではなくヤマネコ。

433
養子方知父慈
こをうんではじめてちちのジをしる
父の慈恩は自分が子をもって初めて分かる。師の恩は自分が人の師となって初めて感得できるものだ。「養子方知父母恩」（『碧巌録』馮子振跋）とも。〔臨・勘辨二〕

434
金剛圏栗棘蓬
コンゴウケン リッキョクホウ
頑丈な檻と栗のいが。脱出不可能な囲いと呑みくだしがたいもの。

435
倒騎牛入佛殿
さかしまにうしにのってブツデンにいる
牛の背に逆さに騎ったまま仏殿に入り込む。達道者の自由無碍ぶり。

436
三人證龜成鼈
サンニンキをショウしてベツとなす
三人そろって証言すれば亀がスッポンにもなる。人の言葉に惑わされずに真実を見て取ることの難しさを言う。〔碧・一七本則評唱〕

437
入地獄如箭射
ジゴクにいるは やをいるがごとし
放たれた矢のように地獄に堕ちる。「堕地獄猶如箭射」とも。〔碧・八本則著語〕

438
運出自己家珍
ジコのカチンをウンシュツす
自分が本来もっている力量を発揮する。〔碧・一九垂示ほか〕

439
主山高安山低
シュザンはたかく アンザンはひくし
風水思想による安定した山勢の姿。「安山」は「案山」とも書き、主山の手前に低く控える山。山水画の構図にも見られる。〔碧・五六本則著語〕

440
拄杖子呑乾坤
シュジョウスケンコンをのむ
拄杖が天地を呑み込んだ。〔碧・六〇頌〕

441
春山青春水碧

シュンザンはあおし シュンスイはみどり
春の山は青く、春の川は碧い。意味づけの不要なありのままの風景。

442
浄裸裸赤灑灑
ジョウララ シャクシャシャ
一糸まとわぬ丸裸。「浄」は清浄の意ではなく、俗語の「乾浄」（きれいさっぱり何もない）の意。「赤」も、何も持たないという意。〔碧・六頌評唱ほか〕

443
突出心肝五臓
シンカンゴゾウをトッシュツす
腹の内をすべてさらけ出す。〔碧・一二頌評唱〕

444
嗔拳不打笑面
シンケンショウメンをタせず
怒って振り上げた拳骨も笑顔を打つことはできない。

445
巣知風穴知雨
すはかぜをしり あなはあめをしる
樹上の巣に棲む鳥は大風の吹くことを予知し、地中の穴に住む獣は大雨の降ることを察知する。霊妙な洞察力。

446
清寥寥白的的
セイリョウリョウ ハクテキテキ
すっきりと清らかで、白くぴかぴか。人品の高潔なようす。〔碧・三四頌評唱〕

447
殺人刀活人剣
セツニントウ カツニンケン
殺す刀と活かす剣。相手を活かすも殺すも自在な手腕の喩え。〔碧・一二垂示ほか、無・一一〕

448
前言不應後語
ゼンゲン コウゴにオウぜず
言説が一貫していない。

449
前三三後三三
ゼンサンサン ゴサンサン
「あなたの所にはどれほどの修行者がいるか」という問いに対する答えで、「前の棟が六つ、後ろの棟が六つ」というのが原意。後世の理解では、数量を超越した根本智の境地と解釈されたりする。〔碧・三五本則〕

450
千聞不如一見
センモン イッケンにしかじ
千聞は一見に如かず。〔碧・三〇本則著語〕

451
草藁不勞拈出
ソウコウ ネンシュツするをロウせず
書きなぐりや下書きはわざわざ見せてくれなくて結構。〔碧・九一本則著語〕

452
喪車後懸藥袋
ソウシャゴにヤクタイをかく
霊柩車の後ろに薬袋をぶら下げる。手遅れの事態の、わびしくも笑止な姿。『碧巌録』六四頌著語には「喪車背後懸薬袋」と。

453
賊不打貧兒家
ゾクはヒンジのいえを夕せず
盗賊は貧乏人を狙わない。収穫が無いと分かっているから。大盗賊たる私がここに参上したのは、ここで相応の修得ができると踏んでのことです、という挨拶。「賊不打貧家」とも。〔碧・三三本則著語ほか〕

454
大象不遊兎徑
ダイゾウトケイにあそばず
904「大象不遊兎徑　大悟不拘小節」を参照。

455
父攘羊子證之
ちちひつじをぬすみ　ここれをあらわす
羊を盗んだ父を子が訴え出る。大義は親を滅す。しかし、孔子はそれを不可として言う、「父は子のために隠し、子は父のために隠す。直きことそのうちに在り」（『論語』子路篇）。

456
天下人不知價
テンカのひと　あたいをしらず
天下にその価値を知る人はいない。〔碧・八頌著語〕

457
蔵天下於天下
テンカをテンカにかくす
天下を天下にかくす。

458
掀天關翻地軸
テンカンをおしあげ　チジクをひるがえす
天地をひっくりかえす。〔碧・六八垂示〕

459
天上星地下水
テンジョウのほしチカのみず
天地万物の諧和の顕現。

460
天無門地無戸
テンにモンなく　チにコなし
天にも地にも逃げ場が無い。切羽詰まった境遇や心境。

461
天是天地是地
テンはこれテン チはこれチ
天は天であり、地は地である。〔碧・二頌評唱ほか〕

462
天左旋地右轉
テンはサセンし チはウテンす
「左旋説」と呼ばれる天の運行についての漢代以来の通念。よく考えれば当然のこと。

463
中毒者知毒用
ドクにあたるものはドクとしってもちいる
毒にあたった者は毒と知りつつやめられない。

464
不妨令人疑著
なかなかにひとをしてギジャクせしむ
いかにも人に疑念をいだかせるものだ。大問題だと思わせるものがある。〔碧・四本則著語ほか〕

465
南山雲北山雨
ナンザンはくも ホクザンはあめ
南山に雲が起こり、北山に雨が降る。〔碧・八三頌〕

466
日面佛月面佛
ニチメンブツ ガチメンブツ
「日面仏」は千八百歳という長寿の仏、「月面仏」は一日一夜という短命の仏。唐の馬祖禅師が重篤の際に、見舞いを受けた時の答え。「仏にも寿命の長短があるのだ、まして我が命など」という超然たる心境の告白とされる。〔碧・三本則〕

467
呑不進吐不出
のみすすめず はきいだせず
飲み込むことも、吐き出すこともできない。大きな疑問を抱え込んで苦悩している状態。

468
鉢裏飯桶裏水
ハツリのハン ツウリのみず
鉢の中の飯と桶の中の水。日常の身辺に在り、人に享受されることを待っている物たち。万物がそれぞれ個別に存在していることの意味を尋ねられた際の答え。〔碧・五〇本則〕

469
花簇簇錦簇簇
はなゾクゾク にしきゾクゾク
花がびっしりと錦を織りなしている。〔碧・一二頌ほか〕

470

臂膊不向外曲

ヒハクそとにむかってまげざれ

自分のことだけ守って、他人のことはかまうな。余計なおせっかいはするな。〔碧・一本則著語〕

471

描不就畫不成

ビョウすれどもならず ガすれどもならず

えがきあげることができない。絵にも描けない美しさ。〔無・二三〕

472

開懐通箇消息

ふところをひらいてこのショウソクをツウず

胸襟を開いて要訣を伝える。〔碧・二五本則評唱〕

473

平地上起骨堆

ヘイチジョウにコッタイをおこす

平地に土を盛る。余計なことをする。言わずもがなのことを言う。379「平地起骨堆」とも。〔碧・二三本則著語ほか〕

474

碧落碑無贋本

ヘキラクヒにガンポンなし

「碧落碑」の文字は模写が難しく、世に伝わる贋作は無い。素性の正しさを喩える。

475

鳳豈餐烏鵲食

ホウあにウジャクのショクをサンせんや

鳳凰のような立派な鳥がどうしてカラスやカササギの餌を食うものか。まともな求道者は、ありきたりの教条に捉われない。

476

賣弄無孔鐵鎚

ムクのテッツイをマイロウす

柄をすげる孔の無い鉄のハンマーをひけらかす。

477

捨明珠弄魚目

メイシュをすててギョモクをロウす

真珠を捨てて、魚の目を大事にする。本物と偽物の取り違え。

478

莫向文字中求

モジのなかにもとむることなかれ

言葉にとらわれてはならない。〔臨・示衆一四〕

479

物見主眼卓竪

ものシュをみれば まなこタクジュす

造物主によって造られた物である人が、本来の主人公の面目を見たらびっくりして眼玉がひっくり返るだろう。本来の面目すなわち仏法の根本義は、それを言葉で語ろうとすれば眼玉どころか命が危ない。

480
野干鳴獅子吼
ヤカンミョウ シシク
762「被他獅子皮 却作野干鳴」を参照。

481
山是山水是水
やまはこれやま みずはこれみず
山は山であり、川は川である。山河大地、日月星辰、すべて心の外に在るのではない、三千世界はすべて自己にほかならないという趣旨。「天是天地是地」も同旨。〔碧・二頌評唱ほか〕

482
懸羊頭賣狗肉
ヨウトウをかけて クニクをうる
羊の頭を看板に掲げながら犬の肉を売る。看板にいつわりあり。名と実とが食い違うこと。〔無・六〕

483
鸞鳳不栖荊棘
ランホウはケイキョクにすまず
高貴な鳥は雑木には住まない。

484
有理不在高聲
リあるはコウセイにあらず
話のすじが通っているかどうかと声の高さとは無関係。声が大きいからといって理にかなっているわけではない。大言壮語に道理なし。

485
利劍不斬死漢
リケンはシカンをきらず
鋭い剣で死人同然の男を斬ったりしない。一流の人物は格下の者を相手にしない。〔碧・九八本則評唱〕

486
李花白桃花紅
リカはしろし トウカはくれないなり
李の花は白く、桃の花は赤い。「桃華紅李華白」とも。

487
両口同無一舌
リョウクおなじくイチゼツなし
二人の問答は、言葉の上には無い。言語表現を超えた世界で問答の呼吸が一つになっていること。〔碧・三九本則評唱〕

488
良賈深蔵若虚
リョウコはふかくゾウしてむなしきがごとし
かしこい商人は品物を店の奥にしまっておいて何も無いふりをする。良い物は見せびらかすものではない。『史記』老子伝による。

489
螻蟻撼於鐵柱
ロウギテッチュウをゆるがす
ケラやアリが鉄の柱をゆさぶろうとする。身の程知らずの愚行。〔碧・五七頌〕

490
脱籠頭卸角駄
ロウトウをダッしカクダをおろす
くつばみを取り去り、背の荷物を下ろす。価値意識の束縛から自己を解放すること。〔碧・二一垂示〕

491
禍不入慎家門
わざわいはシンカのモンにいらず
慎み深い人の家に禍は訪れない。

7字

492
透網金鱗猶滞水
あみをとおるキンリンなおみずにとどこおる
網を通り抜けられる金鱗の魚が水の中に留まっている。魚から脱皮して龍となる能力があるのに、現状に安住していては更なる向上の機をつかめない。〔碧・四九頌〕

493
一條拄杖両人扶
イチジョウのシュジョウリョウニンにてつく
一本の杖を二人でつく。〔碧・二四頌著語ほか〕

494
一段風光畫不成
イチダンのフウコウえがけどもならず
この情景はとても絵には描けぬみごとさだ。

495
一毛頭上定乾坤
イチモウトウジョウにケンコンをさだむ
一本の毛の上に天地を定める。

496
一葉舟中載大唐
イチヨウシュウチュウにダイトウをのす
一隻の小舟に大唐国を載せた。大唐国中の禅者を小舟一隻にからめ取って身動きできなくさせた。それほどの重い命題。ちなみに「一葉」は、達磨が蘆に乗って長江を渡ったという伝説を踏まえるか。〔碧・五八頌著語〕

497
一回擧著一回新
イッカイコジャクすればイッカイあらたなり
問題として取り上げるたびに新たな問題となる。〔碧・三〇頌著語〕

498

一句臨機下口難

イック キにのぞんでくちをくだすことかたし

いざという時に的確な一句を言うのは難しい。〔碧・三八本則評唱〕

499

一狐疑了一狐疑

イッコギしおわってイッコギす

狐が一匹また一匹とうさんくさそうにかぎまわる。修行者が疑問をかかえて次から次へと師匠を尋ねまわっている。〔碧・二二頌〕

500

一聲霹靂驚天地

イッセイのヘキレキ テンチをおどろかす

一つの雷鳴が天地にとどろく。

501

飢来喫飯冷添衣

うえきたってキッパンし すさまじければエをそう

腹がへったら飯を食い、寒くなったら重ね着する。

502

飢来喫飯困来眠

うえきたらばめしをくらい つかれきたらばねむる

腹がへったら飯を食い、眠くなったら眠るだけ。〔碧・七八頌評唱〕

503

燕雀安知鴻鵠志

エンジャクいずくんぞコウコクのこころざしをしらんや

ちっぽけな小鳥に大きな鳥の心がわかるだろうか。凡人には大人物の意志が理解できまい。『史記』陳渉世家による。

504

老将筋力不為能

おいてはキンリョクをもってノウとせず

老いては筋力をひけらかさぬ。年寄りの冷や水は遠慮すべし。もとは『礼記』曲礼篇の「老者は筋力を以て礼を為さず」。

505

黄金又是和沙賣

オウゴンまたこれいさごにワしてうる

929「黄金自有黄金價 終不和沙賣與人」を参照。

506

黄蘗樹頭生蜜果

オウヘキジュトウにミツカをショウず

樹皮の苦いキハダの木に甘い実がなる。天の配剤の妙。

507

却把槍頭倒刺人

かえってソウトウをとってさかしまにひとをさす

相手の槍を逆手に取って刺す。相手の出かたに乗じて逆襲する。〔碧・四六本則著語〕

508
蝦蜆螺蚌不足問
カケンラボウ とうにたらず
小エビやシジミなどのちっぽけなやつらは問題外。〔碧・五二頌著語〕

509
歸到家山即便休
カザンにかえりいたってすなわちキュウす
自分の家に帰りついて、心静かに休む。自己本来の故郷で安息する。〔碧・六四頌〕

510
風吹不動天邊月
かぜふけどもドウぜずテンペンのつき
風がいくら吹いても天の月は動かない。「風」は煩悩や欲望、「月」は真如や本来清浄心の喩え。

511
話盡山雲海月情
かたりつくすサンウンカイゲツのジョウ
山の雲や海の月の風情について語り尽くす。高く深い境地を語ること。〔碧・五三頌〕

512
葛藤窟裏出頭来
カットウクツリよりシュットウしきたる
くだくだとした言葉を操る世界からおいでなすった。〔碧・五頌著語〕

513
肝膽心腸都吐盡
カンタンシンチョウすべてはきつくす
腹蔵なくすべて吐露する。

514
眼裏耳裏絶瀟灑
ガンリニリ ショウシャをゼッす
眼も耳もまったくさっぱりとしている。塵一つ無い心境。〔碧・四二頌〕

515
向鬼窟裏作活計
キクツリにおいてカッケイをなす
416「鬼窟裏作活計」に同じ。「向」は「於」の意。〔碧・一頌著語ほか〕

516
為君幾下蒼龍窟
きみがためにいくたびかソウリュウのクツにくだる
君のためにいくたび蒼龍のすみかにもぐりこんだことか。〔碧・三頌〕

517
發機須是千鈞弩
キをハッするはすべからくセンキンのドなるべし
発射するからには千鈞の強弩でなくてはならぬ。軽率な応答に対する戒め。〔碧・四四頌〕

518
見義不為無勇也
ギをみてせざるはユウなきなり
すべきであると知りながらしないのは勇気が無いというものだ。『論語』為政篇の句。〔碧・五六本則著語〕

519
銀山鐵壁千萬重
ギンザンテッペキセンバンジュウ
徹底的に厳重な難攻不落の堅固さ。

520
錦心繡口向人開
キンシンシュウコウひとにむかってひらく
華麗な言葉で語りかける。

521
金毛獅子不踞地
キンモウのシシはコジせず
金毛の獅子は身構えることはない。〔碧・七二頌〕

522
金毛獅子無處討
キンモウのシシたずぬるにところなし
金毛の獅子にもさぐりあてられない。〔碧・八四頌〕

523
雲在青天水在瓶
くもはセイテンにあり みずはヘイにあり
雲は空に、水は瓶に。一切万物それぞれに所を得て、あるがままのありようだということ。

524
句裏呈機劈面来
クリにキをテイしてヒツメンにきたる
問答の一句一句に真正面から対応する。〔碧・九頌〕

525
涅不緇兮磨不磷
デッすれどもくろまず マするもうすらがず
汚しても汚れず、こすってもすりへらない。『論語』陽貨篇による。

526
荊棘林中一條路
ケイキョクリンチュウイチジョウのみち
イバラの林を通る一本の道。平坦な大地を歩むばかりでは甘さが抜けない、イバラの道を突破してこそ修行なのだという趣意。

527
月明照見夜行人
ゲツメイてらしみるヤコウのひと
明るい月光の下に夜歩きする人が照らし出される。唐代では、夜歩きは夜禁として厳禁されていた。夜禁など物かはの堂々たる行動。〔碧・三七本則著語〕

528
引得黄鶯下柳條
コウオウをひきえてリュウジョウにくだらしむ
ウグイスが（花の美しさに）引かれて、柳の枝から下りて来る。美しい花の画に魅せられたウグイスをうたった詩の一句。ウグイスを幻惑させるほどの名画。しかし、名画とはいえ幻影なのであり、それに惑わされるとは情けない話でもある。〔碧・四〇本則著語〕

529
黄河従源頭濁了
コウガはゲントウよりにごれり
黄河は源流から濁っている。黄河の下流が濁っているのは当然のこと、弟子が濁っているのは師の流儀を受け継いでいるから。〔碧・三二頌著語〕

530
黒漆桶裏盛黒汁
コクシッツウリにコクジュウをもる
黒漆の桶に黒い汁を入れる。迷妄の上に迷妄を重ねる。〔碧・八六頌著語〕

531
古策風高十二門
コサクかぜたかしジュウニモン
古聖の杖が十二の門より高く清らかな風を吹かせる。〔碧・三二頌〕

532
虎頭虎尾一時収
コトウコビ イチジにおさむ
虎の頭も尾も一挙にせしめる。〔碧・五四頌〕

533
虎頭生角出荒草
コトウつのをショウじてコウソウをいづ
角を生やした虎が草むらから跳び出す。無敵の強者の登場。〔碧・七〇頌〕

534
収虎尾兮捋虎鬚
コビをおさめコシュをひく
虎の尾をつかみ虎の鬚を引っぱる。〔碧・八五頌〕

535
枯木花開劫外春
コボクはなひらくコウガイのはる
枯れ木に花が咲く別天地の春景色。死中に活を得た大悟の世界。「劫外」は自然の時の流れを超えた次元。「枯木生華物外春」（『伝灯録』一三・風穴章）とも。

536
金剛脚下鐵崑崙
コンゴウキャッカのテッコンロン
金剛力士に踏みつけられている頑強な鉄人。絶大な力で押さえこまれてビクともしない、凝然とした不動なるものの喩え。

537
金剛正眼輝乾坤
コンゴウのショウゲン ケンコンにかがやく
金剛石（ダイヤモンド）のような眼が天地を輝かす。

538
金剛寶劍當頭截
コンゴウホウケン トウトウにきる
金剛の宝剣で直ちにぶった切る。〔碧・九八垂示〕

539
再来不直半文錢
サイライ ハンモンセンにあたらず
再度のくりかえしは半文の値打ちも無い。同じことのくりかえしでなく、別の対応を考えよ。〔碧・一本則著語ほか〕

540
珊瑚枝枝撑著月
サンゴシシ つきをトウチャクす
サンゴの枝ひとつひとつが月の光を受けとめている。〔碧・一〇〇本則ほか〕

541
三尺鏌鎁清四海
サンジャクのバクヤ シカイをきよむ
名剣を振るい天下を平定する。劉邦が漢の高祖として偉業を成し遂げたように、一世を風靡する。

542
三十年後悟去在
サンジュウネンゴさとりさらん
三十年後には悟るであろう。三十年たってから出直して来い、という突き放し。

543
獅子教兒迷子訣
シシはジにおしうメイシのケツ
獅子は自分の子を教えるとき、その子を迷わせる秘訣を与える。すぐれた禅匠は弟子が大疑を起こすような指導をすることもある。〔無・一五〕

544
詞鋒探草辨當人
シホウタンソウ トウニンをベンず
鋭い言葉の切っ先で修行者当人を弁別する。「探草」は「探竿影草」の略で、魚をおびき寄せて捕る漁具。

545
娑竭出海龍宮震
シャカツうみをいでてリュウグウふるう
八大龍王の一つサーガラが龍宮を震動させて現れ出た。

546
袖裏金鎚劈面来
シュウリのキンツイ ヒツメンにきたる
袖に隠し持った鉄のハンマーが真っ向から振り下ろされる。

547
衆角雖多一麟足

シュカクおおしといえどもイチリンたれり

角のある獣は多いが一頭の麟がいれば足りる。有象無象に用はない、麒麟児一人で十分だ。

548
蕭何賣却假銀城

ショウカマイキャクすカギンジョウ

蕭何が架空の銀城を売る。有りもしないものを有るかのように思わせて騙す。〔碧・四三本則著語〕

549
丈夫意氣自衝天

ジョウブのイキおのずからテンをつく

一人前の男とは天をつく意気をもつものだ。

550
紫羅帳裏撒真珠

シラチョウリにシンジュをまく

紫のうすぎぬのとばりの中に真珠を撒く。〔碧・一〇頌評唱〕

551
滅却心頭火自涼

シントウをメッキャクすればひもおのずからすずし

923「安禅不必須山水　滅却心頭火自涼」を参照。

552
醉後郎當愁殺人

スイゴロウトウひとをシュウサツす

酔っぱらった醜態は人を滅入らせる。くどくどしい説明は迷惑。〔碧・九九本則著語ほか〕

553
吹毛用了急還磨

スイモウもちいおわってキュウにまたみがく

吹毛剣を使い終わり、すぐに磨きをかける。臨済禅師の辞世の一句。「吹毛」は吹きかけた毛が切れるという名剣。吹毛剣のような臨済の禅風は、臨済の没後ただちにまた磨きがかかることになるのだ、という含み。

554
駕與青龍不解騎

セイリュウにガヨするも のるあたわず

青龍に車をつけることはできても、青龍そのものを乗りこなすことはできない。青龍は天の東方をつかさどる神獣。神獣のような逸格の相手に対するには、その相手以上の力量が必要だ。〔碧・二〇本則著語ほか〕

555
説似一物則不中

セツジイチモツソクフチュウ

言葉にして言いとめたとたんにもうピントはずれ。〔臨・示衆一四〕

556
雪上加霜又一重

セツジョウにしもをくわうまたイチジュウ
170「雪上加霜」を参照。〔碧・八五本則著語ほか〕

557
前箭猶輕後箭深
ゼンセンはなおかろしゴセンはふかし
はじめの矢傷はまだ軽かったが、つぎの矢は深く刺さった。〔碧・九三頌ほか、無・一五〕

558
栴檀葉葉香風起
センダンヨウヨウ コウフウおこる
栴檀の葉の一片一片から香り高い風が起こる。

559
全鋒不戰屈人兵
ゼンブたたかわずしてひとのヘイをクッす
ほこさきをあらわにした剣をふりかざして戦うことなく敵兵を威圧する。問答を交わすことなく相手を圧倒する。

560
千里持来呈舊面
センリジしきたってキュウメンにテイす
千里の遠くから持参して旧知の人に提出する。やっとつかみ取ったものを旧知の人に検証してもらう。

561
蒼天中更添怨苦
ソウテンのなかにさらにエンクをそう
落胆しているところへ怨めしさが重なる。踏んだり蹴ったり。〔碧・七二頌著語〕

562
蒼龍依水起雲雷
ソウリュウみずによってウンライをおこす
蒼龍は水中から雲や雷を起こす。

563
賊不入愼家之門
ゾクはシンカのモンにいらず
盗賊は慎ましい暮らしをしている家に押し入ることはない。

564
醍醐毒藥一時行
ダイゴドクヤクイチジにギョウず
醍醐と毒薬とを同時に与える。相手しだいで甘露ともなれば命を落とす劇薬にもなるような応対。〔碧・七四本則著語〕

565
大地山河絶纖埃
ダイチセンガ センアイをゼッす
自然界には塵ひとかけらも無い。感覚や認識の対象物のない清澄な心境。

566
大地茫茫愁殺人
ダイチボウボウひとをシュウサツす
大地が茫々と広がるばかりの荒涼たる風景。〔碧・二三本則著語ほか〕

567
大唐打鼓新羅舞
ダイトウにクをうちシンラにまう
大唐の都に居る者が太鼓を打ち鳴らすと、地の果てに居る者が舞い踊る。阿吽の呼吸で交わされる応酬の見事さ。〔碧・二四本則著語〕

568
太平一曲大家知
タイヘイのイッキョク タイカしる
太平の世を讃える歌は誰でも知っている。もったいぶった御託など聞きたくない。〔碧・六一頌著語〕

569
大鵬一擧九萬里
タイホウイッコ キュウマンリ
大鵬は一挙に九万里飛翔する。『荘子』逍遥遊篇に見える寓話による。

570
誰家無明月清風
たがいえにかメイゲツセイフウなからん
どこに清風明月のない家があろうか。「清風明月」は、だれにもある本来清浄心の喩え。〔碧・六本則著語〕

571
張公喫酒李公醉
チョウコウさけをキッすればリコウよう
張さんが酒を飲み李さんが酔う。

572
澄潭不許蒼龍蟠
チョウタンゆるさずソウリュウのわだかまることを
澄みきった淵は蒼龍が住みつくことを許さない。〔碧・一八頌ほか〕

573
鎭州出大蘿蔔頭
チンジュウはダイラフトウをいだす
この鎮州からは大きな大根が取れる。趙州禅師が自らの独自な禅の成熟を宣言した言葉。〔碧・三〇本則〕

574
月在浮雲淺處明
つきはフウンのあさきところにあってあきらかなり
月が浮雲の淡いところに輝いて見える。「浮雲」は真理をくらます煩悩の喩え。

575
釘觜鐵舌得人憎
テイシテツゼツひとのにくみをえたり
人を刺す釘のような口ぶりや寸鉄のような弁舌は人の憎しみをかきたてることになる。

576
信手拈来著著親
てにまかせてネンじきたればチャクチャクしたし
手当たり次第に打つ一手一手がツボにはまる。囲碁の妙技。

577
天下衲僧跳不出
テンカのノウソウ とびだせず
どんな禅僧も跳び出せない。どうあがいても脱出できない。それは、自ら設定した究極の価値とか絶対的真理などの範疇。〔碧・一本則評唱ほか〕

578
坐断天下人舌頭
テンカのひとのゼットウをザダンす
天下の人々の舌の根を押さえこんでものが言えなくする。〔碧・四本則著語ほか〕

579
倚天長剣逼人寒
テンによるチョウケン ひとにせまってすさまじ
天にとどくほどの長い剣がひんやりと人に迫る。大上段からの問いを浴びせられて絶体絶命のピンチ。

580
不離當處常湛然
トウショをはなれずつねにタンネン
（人の霊性は）そこを離れることなく常に静かに湛えられた水のように澄みわたっている。

581
毒龍行處草不生
ドクリュウゆくところくさショウぜず
毒龍が通ったあとは草も生えない。「毒」は残忍なほど辛辣な力の象徴。

582
南山打鼓北山舞
ナンザンにつづみをうてばホクザンにまう
南山で太鼓を打ち、北山で舞う。阿吽の呼吸で交わされる見事な対応。

583
拈来天下與人看
ネンじきたりてテンカにひとのためにみしむ
天下の人びとの前に持ち出してきて見てもらう。〔碧・一〇頌〕

584
八角磨盤空裏走
ハッカクのマバン クウリにはしる
八角の磨盤が空中を飛ぶ。「八角磨盤」は古代インドの神話に出てくる武器。八つの突起をもつ研磨盤で、それが空中を旋回して一切の物を粉砕する、という。〔碧・四七本則著語〕

585
萬里區區獨往還
バンリククとしてひとりオウカンす
万里の道のりを生真面目に一人で往来する。一つの教えを後生大事に守って、なんともあっぱれなしおらしさ。〔碧・二九頌〕

586
半路抽身是好人
ハンロにみをぬきんずこれコウニン
中途で潔く身を引く鮮やかな決断を下せるのがあっぱれな人物だ。〔碧・六九本則著語〕

587
陥人坑子年年滿
ひとをおとしいるるキョウス ネンネンみつ
人を陥れる坑が年ごとに満杯になる。この坑は「解脱の深坑」。畏るべき暗黒を悟境と取り違えて、そこに安住していることに気づかない人が絶えない。

588
百尺竿頭坐底人
ヒャクシャクカントウ ざするテイのひと
百尺の竿の先に坐り込んでいる人。〔無・四六〕

589
百姓日用不相知
ヒャクセイひびにもちいてあいしらず
人びとは聖人が定めた道を日々受用して生活しているのに、そのことの自覚は無い。誰も気づかないほどに、聖人が定めた道の恩徳は玄妙である。また、自己に本来具わっている霊性への無自覚を戒める警句。もとは『易』繋辞上伝の「百姓日用而不知」。「衆生日用不相知」とも。

590
百花春至為誰開
ヒャッカはるいたりて たがためにかひらく
いろいろな花が春になると咲き出すのは誰に見せようというのだろう。せっかくの花を見てほしい。〔碧・五頌〕

591
得便宜是落便宜
ビンギをうるはこれビンギにおつ
してやったというのは、実はしてやられているのだ。唐・宋代のことわざ。〔碧・六六頌〕

592
不風流處也風流
フウリュウならざるところもまたフウリュウ
徹底した殺風景が実はめでたい風景の現成である。味気ないところが味わい深いところ。〔碧・六七頌著語〕

593
佛是西天老比丘
ブツはこれサイテンのロウビク
仏はインドの老いぼれ坊主。仏の聖性を剥ぎ取った言い方。

594

佛法與王法一般

ブッポウとオウホウとおなじなり

仏法と王法とは同じ。〔碧・三八本則〕

595

分破華山千萬重

ブンパすカザンのセンマンチョウ

千万の峰なす巨大な華山を真っ二つにぶち割る。〔碧・三三頌、無・三〕

596

平地上死人無數

ヘイチジョウにシニンムスウ

平らな地面で死んでいる人が無数にいる。平坦な道を歩むような生き方は安易なゆえにかえってまっとうに生きられない。荊棘の道を突き進んでこそ得られるものが貴重なのだ。

597

碧眼胡僧笑點頭

ヘキガンのコソウわらいテントウ

碧い眼のインド僧（つまり達磨）が笑ってうなずく。禅宗の初祖である達磨大師が、我が意を得たりとにっこりうなずいてくれる。

598

萬象之中獨露身

マンゾウシチュウドクロシン

一切の現象のただ中に自己本来の身体を顕現させる。〔碧・六頌評唱〕

599

美玉精金定價無

ミギョクセイキンにジョウカなし

ほんとうに美しい宝物に定価は無い。真実の値打ちは評定できない。

600

塡溝塞壑無人會

みぞにみちたにをふさぐも ひとのエするなし

谷間を埋めつくす累々たる死体、それをわかっている人はいない。「塡溝塞壑」は戦乱や飢饉による惨状。なぜそんな悲惨な事態になったのか誰もわかっていない。悟りに到らずに死んだ修行者が多いことへの慨歎。〔碧・一六頌著語ほか〕

601

源不深者流不長

みなもとふかからざれば ながれながからず

水源が深くなければ長い流れにはならない。智慧が浅くては遠望できない。〔碧・五三本則評唱〕

602

看時不見暗昏昏

みるときみえずアンコンコン

だれもが本来もっている清浄な心に気づかずに看ていては暗くて見えない。人の内奥に秘められた光明に目覚めよ。

603
無孔鐵鎚重下楔
ムクのテッツイかさねてケツをくだす

柄をすげる孔の無いハンマーに重ねて柄をすげる。言葉で表現しがたいことについて言葉で表現しようと試みる。〔碧・一四頌〕

604
無孔鐵鎚當面擲
ムクのテッツイトウメンになげうつ

柄をすげる孔も無い鉄のハンマーをまっこうから投げつける。とりつくしまもない難問を真正面からぶちかます。〔碧・二九本則著語〕

605
明明只在鼻孔下
メイメイとしてただはなのしたにあり

ありありと鼻の下に存在する。つまり口のこと。それを動かすと禍の門ともなる、という含み。「鼻孔」は単に鼻のこと。「孔」は助詞で、「あな」の意ではない。

606
消得龍王多少風
もちいえたりリュウオウタショウのかぜ

龍王なればこその流儀がしたたかに発揮された。

607
問處分明答處親
モンショフンミョウなればトウショしたし

問い方が明晰であってこそ的確な答えが得られる。切実でない質問にまともに答えることはできない。

608
中箭還似射人時
やにあたるはかえってひとをいるときににたり

射とめようとした相手から放たれた矢に当たってしまった。その人を射ようとした時に射とめられていたようなものだ。〔碧・八四本則著語〕

609
夜半金鷄生鐵卵
ヤハンのキンケイテツランをショウず

真夜中に金の鶏が鉄の卵を生む。

610
奪得驪珠解轉身
リシュをうばいえてよくみをテンず

驪龍のあごの下の宝珠を奪い取り、さっと転身する。宝珠は仏性の喩え。見事な手なみ。

611
龍蛇陣上看謀略
リュウダジンジョウにボウリャクをみる

龍蛇の陣形に謀略を見て取る。「龍蛇陣」は戦陣の一つで、寸分の隙もない巧みな攻撃。〔碧・七一頌〕

612
龍袖拂開全體現
リョウシュウホッカイしてゼンタイゲンず

龍の模様が描かれた立派な着衣の袖が払われると丸ごと現れる。そのようにして現れ出て来ているものが、なかなか見えない。

613
両手持来付與他
リョウシュにジしきたって夕にフヨす

両手で持って来て彼らに与える。直接的には食事を供すること。深意としては仏法の真理を教示すること。〔碧・七四頌ほか〕

614
両刃交鋒不須避
リョウジンほこさきをまじえてさくるをもちいず

二つの刃が鋒を交えるときに、避けてはならない。練達者どうしの法戦においては、互いに相手の鋭鋒を避けることなく真っ向から立ち向かうものだ。〔碧・四三本則評唱〕

615
凜凜威風四百州
リンリンたるイフウシヒャクシュウ

ぴりりとした威風が天下を圧倒する。〔碧・五四頌ほか〕

616
凜凜威風逼人寒
リンリンたるイフウひとにせまってすさまじ

ぴりりとした威風が人をおののかせる。

617
老倒無端入荒草
ロウトウはしなくコウソウにいる

老いぼれて、わけもなく草むらに入り込む。「入荒草」は低次の世界に降り立つこと。具体的には、言葉によって懇切に説いたり、老婆心切に手を引いて導いたりすること。

618
還我無孔鐵鎚来
われにムクのテッツイをかえしきたれ

穴の無い鉄鎚をわしに返せ。無功用(無為自然の境地)のお前自身を提示してみよ。〔碧・四六頌著語〕

8字

619
朝到西天　暮歸東土
あしたはサイテンにいたり くれにはトウドにかえる

朝にインドに到着し、夕方には中国に帰っている。時空を超えた超人的な行動。〔碧・四四本則著語〕

620
以字不成　八字不是
イジもならず ハチジもぜならず
「以」の字にもならないし「八」の字でもない、さていったい何の字か、という字謎。そのこころは「心」。

621
一言既發　駟馬難追
イチゴンすでにハッすれば シバもおうことかたし
一度発言したら、四頭だての馬車で追いかけても取り返しがつかない。口は慎むべきもの。

622
不因一事　不長一智
イチジによらずんば イッチをチョウぜず
一つ経験しなければ、一つ賢くならない。肯定表現で「因一事長一智」とも言う。

623
一有多種　二無両般
イチにタシュあり ニにリョウハンなし
一つにまとめてみても実はさまざまであり、二つに分けてみても実は別々ではない。〔碧・二頌〕

624
一句截流　萬機寝削
イックながれをたちて バンキシンサクす
一言の下にあらゆる意識の流れが断ち切られて、全ての作用が消えてしまった。〔碧・三三垂示ほか〕

625
一犬吼虚　千猱傳實
イッケンキョにほゆれば センドウジツをつたう
一匹の犬が虚空に向かって吠えつくと、千匹のテナガザルが獲物だ獲物だと騒ぐ。「一犬吠形　百犬吠聲」「一人傳虚　萬人傳實」などと同旨。

626
一點水墨　両處成龍
イッテンのスイボク リョウショにリュウとなる
たった一点の墨で二箇所に龍を描き出す。達人の神技。

627
上無攀仰　下絶己躬
うえにハンギョウなく したにコキュウをゼッす
上に頼ることを拒否し、下に依って立つ自己を拒絶する。孤絶独脱のあり方。〔碧・一七頌評唱〕

628
黄金為地　白銀為屋
オウゴンをチとなし ハクギンをオクとなす
人間の本来性に目覚めた人の住居。しかしそこに安住してしまうと黄金が糞土と等しいことにもなる。

629
見怪不怪　其怪自壊
カイをみてカイとせざれば そのカイおのずからくずる
怪しいものを見ても怪しまなければ、その怪しさは自然に消滅する。〔碧・二二本則著語〕

630
風吹不入　水洒不著
かぜふけどもいらず　みずそそげどもつかず
風も吹き込まず、水も注ぎ込まない。まったく隙のない一枚岩のように厳重なようす。

631
活捉生擒　不勞餘力
カッソクセイキンして　ヨリョクをロウせず
生け捕りするのに、余分な力は無用。〔碧・七九垂示〕

632
不在河南　正在河北
カナンにあらず　まさにカホクにあり
河南ではなく、河北にあるぞ。〔碧・九本則著語〕

633
上通霄漢　下徹黄泉
かみはショウカンにツウじ　しもはコウセンにテッす
上は銀河の果てから下は地獄の底まで。山河大地、森羅万象。〔碧・九七頌著語〕

634
瓦礫生光　真金失色
ガレキひかりをショウぜば　シンキンいろをシッす
瓦礫も光を発し、黄金も色を失う。〔碧・三一垂示〕

635
官不容針　私通車馬
カンにははりをもいれず　わたくしにはシャバをツウず
表向きは厳格で針も通さぬ役所でも、裏口からは車でも馬でも通れる。〔臨・行録一九、碧・六二本則評唱〕

636
韓獹逐塊　獅子咬人
カンロつちくれをおい　シシひとをかむ
土塊を投げつけると、犬の韓獹は土塊を追いかけるが、獅子ならそれを投げた人に噛みつく。

637
羲之筆劃　入石三分
ギシのヒッカク　いしにいることサンブ
王羲之の筆力は石に三分も食い込む。「入石」は「入木」とも言い、「三分」は「七分」あるいは「八分」とも。

638
氣呑佛祖　眼蓋乾坤
キはブッソをのみ　めはケンコンをおおう
意気は仏祖を呑みこみ、眼光は天地をすっぽりと覆う。

639
機輪轉處　作者猶迷
キリンテンずるところ　サシャすらなおまよう
俊敏な禅機が発動する場では、練達の禅匠ですらポイントを見失う。〔碧・七九頌評唱〕

640
以機奪機　以毒攻毒
キをもってキをうばい ドクをもってドクをせむ

おのれの機で相手の機を奪い、おのれの毒で相手の毒を制する。「機」は機略、また気魄、生命力。猛烈な修行者同士の格闘ぶり。

641
金屑雖貴　落眼成翳
キンセツたっとしといえども まなこにおつればエイをなす

金の屑は貴重なものだが、眼に入れば眼病を引き起こす。どんなに高価なもので有りがたいものも、人に害をもたらすことがある。至高の理法も、それを絶対のものとして教条化すると「理障」という害毒に変ずる。〔臨・勘辨一三、碧・二五本則評唱ほか〕

642
金鎚影動　寶劍光寒
キンツイかげうごき ホウケンひかりすさまじ

金鎚の影が動き、宝剣が冷たく光る。それはいきなりやって来る、気をつけてよく見よ。〔碧・一二頌評唱〕

643
金以石試　人以言試
キンはいしをもってこころみ ひとはゲンをもってこころみる

金属は試金石によって判別され、人間は言葉によって判別される。

644
句中有眼　言外有意
クチュウにゲンあり ゲンガイにイあり

言葉に読み取るべき眼目があり、言外に汲み取るべき含みがある。〔碧・二五本則評唱〕

645
如撃石火　似閃電光
ゲキセッカのごとく センデンコウににたり

火打ち石の火花や稲妻のような、瞬発的な閃き。電光石火。〔碧・一頌評唱ほか〕

646
乾坤大地　一時露出
ケンコンダイチ イチジにロシュツす

天地がいっぺんに現れ出る。〔碧・三二頌著語ほか〕

647
劍去刻舟　守株待兎
ケンさってふなばたをきざみ きりかぶをまもりうさぎをまつ

舟から落とした剣の位置をおぼえるために舟べりに刻み、見守っている切り株に兎がぶつかって気絶してくれるのを待っている。固定観念に支配されて真相が見えない愚かさ。

648
元正啓祚　萬物咸新
ゲンショウさいわいをひらき バンブツみなあらたなり

年の初めに福運がひらけ、万物みなあらたまる。明け

郵 便 は が き

140-0001

お手数ですが
切手をお貼り
ください

東京都品川区北品川 1-13-7
長栄ビル 7F

天来書院　行

T.03-3450-7530　F.03-3450-7531

ご注文欄　品　名	単　価	数量

送料：DM 便 162 円（書籍のみ）、宅配便 400 円。

購入金額（税抜）3,000 円以上で、送料・代引手数料が無料！

・お支払い方法　（　コンビニ払込　・　郵便振替　・　代金引換　）

いずれかを丸でお囲み下さい。無記入の場合は郵便振替とさせて頂きます。

※ コンビニ払込……レジでお支払頂けるバーコードつき払込票を商品に同封致します。

※ 郵便振替……商品送付の際、振替用紙を同封致します。

※ 代金引換……宅配便のみ。離島等一部利用できない地域がございます。

【天来書院 友の会】入会を　□希望する　□希望しない

「希望する」に✓をご記入頂きましたら、このハガキが弊社に届き次第すぐに、裏面の情報をもとに会員登録致します。後日「会員証」をお送り致します。会員の皆様にはお得なお買い物情報をお届けするなどの**特典**がございます。**会費・入会金など一切無料**。ぜひお申込下さい。弊社 HP にて詳細をご紹介しています。http://www.shodo.co.jp

ご購入の書籍・ビデオ・DVD名

このたびは弊社商品をお買い上げいただき、誠にありがとうございます。今後も、良書発行のために努力していきたいと存じますので、アンケートご協力のほど、よろしくお願い申し上げます。

本品をどのようにしてお知りになりましたか？
・直送DM　・書店（　　　　　）　・書道用品店（　　　　）
・その他（　　　　　　　　　）
小社のご案内が　・届いています　・届いていません
今後のご案内を　・希望します　・希望しません
その他ご感想、出版を希望する法帖など。
（　　　　　　　　　　　　　　　　　　　　　）

※お名前・郵便番号・ご住所・お電話は、必ずお書きください。

*お名前	ふりがな		
	姓	名	(雅号)
友の会No.		**生年**　　　年	**性別**　男・女
＊ご住所　〒　　－			
＊お電話　（　　）－（　　）－（　　）			
携帯電話　（　　）－（　　）－（　　）			
FAX　（　　）－（　　）－（　　）			
E-Mail			
所属団体		**分野**（○で囲む）	漢字・かな・漢字かな交じり 篆刻・前衛・墨象

書に興味をお持ちの方をご紹介ください。ご案内をお送りします。

ご氏名	ご住所　〒

ましておめでとう（新年の挨拶用語）。

649
高山流水　只貴知音
コウザンリュウスイ ただチインをとうとぶ
山のように高く流水のように清らかな志は、それをよく知る者に語ってこそ意味がある。

650
好雪　片片不落別處
コウセツ ヘンペンベッショにおちず
見事な雪だ、ひとひらひとひらと落ちるべき処に落ちる。句読は「好雪」で切るべきで、「好雪片片」で切るのは誤り。〔碧・四二本則〕

651
剛刀雖利　不斬無罪
ゴウトウとしといえども つみなきをきらず
剛刀はよく切れるが、無罪の人は斬らない。剛毅の人は自分の能力の使い道を知っている。

652
驅耕夫牛　奪飢人食
コウフのうしをかり キニンのジキをうばう
農夫の使っている牛を追い払い、飢えている人の食物を奪い取る。相手を徹底的に追いつめる情け容赦のない指導法。〔碧・三本則評唱ほか〕

653
不入虎穴　争得虎子
コケツにいらずんば いかでかコシをえん
虎の穴に入らなければ、どうして虎の子が得られるだろう。「不入虎穴 不得虎子（虎穴に入らずんば虎子を得ず）」とも。〔碧・一五頌評唱ほか〕

654
心不負人　面無慚色
こころひとにそむかざれば おもてにはずるいろなし
人に対してやましさが無いなら、顔に恥じる色は出ないはず。顔色が心の内を語っているぞ。

655
虎斑易見　人斑難見
コハンはみやすし ニンハンはみがたし
虎の毛皮の模様はくっきりとよく見えるが、人はうわべだけを見ても分からない。

656
語不驚群　陷於流俗
ゴむれをおどろかさざれば ルゾクにおちいる
群衆を驚かすような言葉でなければマンネリに堕する。〔碧・二五垂示〕

657
見之不取　思之千里
これをみてとらざれば これをおもうことセンリ
見た時に手に入れないと、遠く離れて口惜しい思いをすることになる。チャンスは逃すな。「見之不取 千載難逢」とも。〔碧・八五頌〕

658
左顧無暇　右眄已老
サコするにいとまなく ウケイすればすでにおいたり
左を見るいとまはないし、右を向いたときはもう年老いている。「暇」を「瑕（きず）」とするテキストもある。〔碧・三四頌〕

659
澤廣藏山　狸能伏豹
さわひろくしてやまをかくし りよくヒョウをフクす
沢も広いと山を隠すことができる、ヤマネコも能があれば豹を屈伏させることができる。〔碧・四本則評唱ほか〕

660
三代禮樂　在緇衣中
サンダイのレイガク シエチュウにあり
夏・殷・周三代の礼楽が、墨染めの衣の僧侶たちに伝わった。

661
三人同行　必有吾師
サンニンドウコウすれば かならずわがシあり
連れ立つ仲間には必ず自分の師となる人がいる。『論語』述而篇による。「同行必有一智」とも。〔碧・六九本則著語〕

662
四海浪平　百川潮落
シカイなみたいらかにして ヒャクセンうしおおつ
四海は波平らかに、百川は流れ静かに。天下太平の情景。〔碧・三二頌〕

663
字經三寫　烏焉成馬
ジサンシャをへて ウエンうまとなる
文字を転写するうちに「烏」や「焉」が「馬」に化ける。人から人へと伝えられるうちにとんでもない間違いが生じるものだ。

664
獅子一吼　野干脳裂
シシイックしヤカンノウレッす
獅子が一吼えすれば、ジャッカル（のような小者）は脳が裂けてしまう。〔臨・示衆九〕

665
獅子哮吼　百獣脳裂
シシコウクすれば ヒャクジュウノウレッす
獅子が吼えれば、百獣は脳が裂ける。

666
獅子嚬呻　象王回顧
シシヒンシンすれば ゾウオウカイコす
獅子はうなり声を揚げ、象王はゆったりと振り向く。法王（仏）の威厳に満ちた姿の喩え。

667
重賞之下　必有勇夫

ジュウショウのもとに かならずユウフあり
手厚い褒美を与えれば、必ず勇者が集まる。兵法書『三略』に見える語。〔碧・二六頌著語〕

668
衆盲摸象 各説異端
シュウモウゾウをなでて おのおのイタンをいう
大勢の盲人がゾウの一部を手探りして、それぞれ勝手な印象を述べる。全体を見ないで間違った判断を下すことの喩え。『涅槃経』による。〔碧・九四頌評唱〕

669
須弥那畔 把手共行
シュミナハン てをとってともにゆく
須弥山のかなたへ手をたずさえて行く。この世の向こう、つまり異次元の世界へ進む。〔碧・九九本則著語〕

670
生死事大 無常迅速
ショウジジダイ ムジョウジンソク
生死は一大事であり、待ったなしの問題だ。

671
聲前一句 千聖不傳
ショウゼンのイックは センショウもつたえず
言葉として表現できない道や真理そのものは、仏も祖師も伝授しようがない。〔碧・七垂示ほか〕

672
不慕諸聖 不重己靈
ショショウをしたわず コレイをおもんぜず
聖人たちを手本とすることなく、自己の霊性を尊ぶこともしない。独脱無依の在り方。

673
人間私語 天聞若雷
ジンカンのシゴ テンはきくことかみなりのごとし
人間世界のひそひそ話も、天には雷鳴のように響く。お天道さまはみんなお見通し。

674
真獅子兒 善獅子吼
シンのシシジ よくシシクす
ほんものの獅子の子は立派に吼える。「獅子吼」は仏の堂々たる説法の喩え。なお仏典では「獅子」は多く「師子」と書く。〔碧・四本則著語〕

675
真不掩偽 曲不蔵直
シンはギをおおわず キョクはチョクをかくさず
真実は虚偽を明らかにし、曲がったものは真っ直ぐなものを隠せない。〔碧・四三本則著語〕

676
真佛無形 真法無相
シンブツはムケイ シンポウはムソウ
真の仏に形は無く、真の法にすがたは無い。〔臨・示衆一〇、無・二〕

677
垂絲千尺　意在深潭
スイシセンジャク　こころシンタンにあり
釣り糸を千尺も垂らすのは、深い潭《ふち》にひそむ逸物が目当てだからだ。言い換えれば「不釣凡鱗（雑魚は釣らぬ）」。

678
垂絲千尺　不釣凡鱗
スイシセンジャク　ボンリンをつらず
釣り糸を千尺も垂らすのは、雑魚を釣るためではない。

679
頭上是天　脚下是地
ズジョウこれテン　キャッカこれチ
頭の上は天、足の下は地。

680
前不搆村　後不迭店
すすむもむらにいたらず　もどるもはたごにおよばず
進んでも村までたどり着けず、引き返しても旅籠に帰れない。立ち往生。「後不迭店」は「後不搆店」とも。〔碧・六三頌評唱ほか〕

681
把定世界　不漏纖毫
セカイをハジョウして　センゴウももらさず
世界をしっかり掌握して毛すじほどのぬかりもない。〔碧・八五垂示〕

682
石人點頭　露柱拍手
セキジンテントウすれば　ロチュウハクシュす
石人がうなづき、露柱が拍手する。

683
石火莫及　電光罔通
セッカもおよぶことなく　デンコウもツウずることなし
火打ち石の火花も稲光も追いつけない動き。電光石火以上の素速さ。〔臨・行録一九〕

684
栴檀林中　必無雜樹
センダンリンチュウ　かならずゾウジュなし
栴檀の林に雑木は生えぬ。

685
千兵易得　一将難求
センペイはえやすし　イッショウはもとめがたし
千人の兵隊を集めるのは易しいが、名将一人を見つけ出すのは難しい。〔碧・一三頌著語ほか〕

686
賊是小人　知過君子
ゾクはこれショウジン　チはクンシにすぎたり
つまらぬ悪党だが、知恵は君子以上。〔臨・行録七、碧・五九本則著語〕

687
太阿寶劍　本是生鐵

タイアのホウケン もとこれサンテツ
天下の名剣も素材は未精錬の鉄。鍛え方しだい。

688
掀翻大海　踢倒須弥
タイカイをケンポンし シュミをテキトウす
大海をひっくりかえし、須弥山をけたおす。〔碧・二〇垂示ほか〕

689
只解瞻前　不能顧後
ただまえをみることをよくして しりえをかえりみることあたわず
前方は見えても、後方が見えない。ひたむきではあるが、進み方を回顧して点検することができない。〔碧・五四本則評唱〕

690
父為子隠　子為父隠
ちちはこのためにかくし こはちちのためにかくす
父は子のためにかばい、子は父のためにかばう。『論語』子路篇の句。

691
朝打三千　暮打八百
チョウダサンゼン ボダハッピャク
朝に三千、暮に八百と打ち続ける。太鼓のばちや罰棒で絶え間なく連打する。〔碧・六〇頌著語ほか〕

692
含血噴人　先汚其口
ちをふくんでひとにはけば まずそのくちをけがす
血を含んで人に吹きかけようとすれば、まず自分の口を汚すことになる。他人の悪口を言うことは、自分の品位を落とすこと。

693
月冷風高　古巌寒檜
つきひややかにしてかぜたかく コガンにカンカイあり
月光冷たく風は高鳴り、苔むす巌に凍てつく檜。人情を峻拒する冷厳孤高の風光。〔碧・八二頌〕

694
插翼猛虎　戴角大蟲
つばさをさしはさむモウコ つのをいただくダイチュウ
翼をつけた猛虎、角の生えた大トラ。〔碧・八一頌評唱〕

695
泥牛吼月　木馬嘶風
デイギュウつきにほえ モクバかぜにいばう
泥の牛が月に吼え、木馬が風に嘶《いなな》く。仏法以前の世界。「木馬嘶風　泥牛吼月」とも。

696
點鐵成金　點金成鐵
テツをテンじてキンとなし キンをテンじてテツとなす
鉄を金に変え、金を鉄に変える。練達した指導者による錬金術のように見事な鍛え方。〔碧・八五垂示〕

697
在手執捉　在足運奔
てにあってはシッシャクし あしにあってはウンポンす
手は物をつかみ、足は歩いたり走ったりする。いずれも仏性が日常の営為として現れたもの。〔臨・示衆二〕

698
天堂未就　地獄先成
テンドウはいまだならず ジゴクまずなる
天国が完成する前に地獄が出来上がる。行き先は地獄しかない、か。

699
天高東南　地傾西北
テンはトウナンにたかし チはセイホクにかたむく
天は東南に高く、地は西北に低い。中国古来の通念では、天は西北に高く地は東南に低い。通念を逆転した言い方。

700
東西南北　一等家風
トウザイナンボク イットウのカフウ
東西南北それぞれに同じ風格。〔碧・三一頌著語〕

701
燈籠合掌　露柱證明
トウロウガッショウ ロチュウショウミョウ
灯籠が合掌し、露柱が証明する。灯籠が真理を体得したことへの感謝として合掌したり、露柱がそのことを保証する。感覚も認識能力もない物体が人間以上のはたらきをするようす。

702
南山起雲　北山下雨
ナンザンにくもおこり ホクザンにあめふる
ツーと言えばカーと答える、以心伝心の対応。〔碧・八三本則〕

703
運籌帷幄　決勝千里
はかりごとをイアクにめぐらし かちをセンリにケッす
室内で戦略を練って、遠くの戦場で勝利をおさめる。漢の高祖が張良の軍才を評した言葉。「運籌帷幄之中決勝千里之外」とも。〔碧・四本則評唱〕

704
牙如剣樹　口似血盆
ははケンジュのごとく くちはケツボンににたり
歯は剣の樹のようであり、口は真っ赤な盆のよう。勇猛果敢な人物の形容。もとは地獄の獄卒の形相。〔碧・四本則評唱ほか、無・二八〕

705
人平不語　水平不流
ひとたいらかなればかたらず みずたいらかなればながれず
人は平穏な状況では文句を言わないし、水は平らであれば流れない。不平があればこそ言葉を発する。韓愈の「送孟東野序」による。

706
得人一牛　還人一馬
ひとにイチギュウをえて ひとにイチバをかえす
人から牛一頭をもらったら、その人に馬一匹をお返しする。対等な対応をすること。唐代の格言集に見える。

707
咬人屎橛　不是好狗
ひとのシケツをかむ これコウクにあらず
人の屎をかじるようでは、よい犬ではない。古人の糟粕にすぎぬ言葉をかじっているようでは犬以下。

708
穿人鼻孔　換人眼睛
ひとのビクウをうがち ひとのガンゼイをかう
人の鼻に穴をあけ、目玉を取り換える。一個の人間を別人格に仕立て直す。どぎつい禅臭をはなつパターン化した禅語の一例。

709
如人飲水　冷暖自知
ひとのみずをのむがごとし レイナンみずからしる
水は飲んでみれば、冷たいか暖かいかが分かるようなもの。真理を悟るには、直接的な体験を必要とする。また、体得した内実は本人だけが知り得るものであって、他人に伝えることはできない〔無・二三〕

710
一人傳虚　萬人傳實
ひとりキョをつたえて バンジンジツをつたう
事実無根のことが、多くの人びとに伝えられているうちに事実となる。〔碧・四七頌著語ほか〕

711
氷凌上行　劍刃上走
ヒョウリョウジョウにゆき ケンニンジョウにはしる
つららの上を歩き、剣の刃の上を走る。求法のために危険を冒すこと。〔碧・四一垂示ほか〕

712
逢佛説佛　逢祖説祖
ブツにあってはブツにとき ソにあってはソにとく
仏に逢えば仏に説き、祖師に逢えば祖師に説く。惑うことなく自在に対応する。〔臨・示衆五〕

713
放去太速　収来太遲
ホウコははなはだすみやかなり シュウライははなはだおそし
ゆるめるのは速いが、ひきしめるのが遅い。〔碧・二四本則著語〕

714
凡聖同居　龍蛇混雜
ボンショウドウキョし リュウダコンザッす
凡人も聖人もいっしょに、龍も蛇もいっしょくたにする。〔碧・三五本則〕

715
不取凡聖　不住根本
ボンショウをとらず コンポンにジュウせず
815「外不取凡聖 内不住根本」を参照。

716
當断不断　返招其亂
まさにダンずべきにダンぜず かえってそのランをまねく
処断すべき時にしておかないと、逆に反乱を招くことになる。古くは道家の語として、『史記』や『漢書』に見える。〔碧・三八本則ほか〕

717
眼觀東南　意在西北
まなこトウナンをみ こころセイホクにあり
目は東南を見て、心は西北を向く。うわべと真意とが異なる。〔碧・四本則著語〕

718
在眼曰見　在耳曰聞
まなこにあってはケンといい みみにあってはモンという
眼は見るはたらきをし、耳は聞くはたらきをする。それは仏性が日常の営為として現れているのだ。〔臨・示衆二〕

719
眉蔵寶劍　袖掛金鎚
まゆにホウケンをゾウし そでにキンツイをかく
眉には宝剣を秘め、袖には金鎚をしのばせる。力量豊かな禅匠の表情と動作。〔碧・一〇〇頌評唱〕

720
水灑不著　風吹不入
みずそそげどもつかず かぜふけどもいらず
水もはね飛ばされ、風も吹き込めない。「水」は「龍」、「風」は「虎」の縁語。龍虎も寄せ付けない。〔碧・五九頌ほか〕

721
道無横徑　立者孤危
みちによこみちなきは たつものコキなり
岐路の無い一本道を行く者は危うい。坦坦たる大道をまっすぐに進むような生き方は、道を見失うことが無いゆえにかえって求道を達成しがたい。〔碧・一六垂示〕

722
明修桟道　暗度陳倉
ミョウにサンドウをシュし アンにチンソウをドす
表向きは桟道を修復しながら、ひそかに陳倉の古道を突破する。漢の名将韓信が用いた、敵の裏をかいた巧みな戦術。一見したところ迂遠な方策のようで、実は核心を突いた的確な対応の喩え。

723
従門入者　不是家珍
モンよりいるものは これカチンにあらず
外から仕入れたものは本来所蔵している家宝とは違

う。自己本来の心が家宝。〔碧・五本則評唱ほか〕

724
不許夜行　投明須到
ヤコウゆるさず ミョウにトウじてすべからくいたるべし
夜歩くことは禁止するが、夜明けまでにはたどり着け。無理難題。この難題を突破できれば、死中に活を得ることができる、という。〔碧・四一本則〕

725
山長水遠　人面獸心
やまながくみずとおく ジンメンジュウシン
延々とつづく山河が遠く遥かにかすんで見分けがつかないように、人か獣か見分けのつかないしたたか者。その本音は捕らえようがない。

726
要行即行　要坐即坐
ゆかんとヨウすればすなわちゆく ザせんとヨウすればすなわちザす
歩きたければ歩き、坐りたければ坐る。自然で自由自在な営為。〔臨・示衆一〕

727
雪埋庭柏　氷鎖偃溪
ゆきテイハクをうずみ こおりエンケイをとざす
雪が庭の柏樹をおおい、氷が偃渓の流れをとざす。「偃溪」は雲門山の渓流の名。氷雪にとざされて開示されない奥旨の喩え。

728
坐断要津　不通凡聖
ヨウシンをザダンし ボンショウをツウぜず
要地に坐り込み、凡夫も聖人も通さない。〔碧・五七垂示〕

729
把断要津　不通凡聖
ヨウシンをハダンし ボンショウをツウぜず
要地を掌握して、凡夫も聖人も通さない。〔碧・二七本則評唱ほか〕

730
雷聲浩大　雨點全無
ライセイコウダイなるに ウテンまったくなし
雷鳴ばかりで、雨は一滴も降らない。もの言いは大げさで、実質的な内容は皆無。「雷聲甚大 雨點全無」、略して「雷聲大 雨點小」とも。〔碧・一〇頌著語〕

731
如龍得水　似虎靠山
リュウのみずをうるがごとく とらのやまによるににたり
水を得た龍、山に放たれた虎のよう。有能な者が本領を発揮できる場を得ること。〔碧・八垂示ほか〕

732
龍吟霧起　虎嘯風生
リョウギンずればきりおこり とらうそぶけばかぜショウず
龍が唸ると霧がおこり、虎が吼えると風が生じる。実力者どうしの絶妙の掛け合い。「龍吟虎嘯」。〔碧・五五本則著語ほか〕

733
靈山指月　曹溪話月
リョウゼンにつきをサし ソウケイにつきをかたる
釈尊が霊山で迦葉に伝授したのも、六祖慧能が曹渓で教示したのも、いずれも月を指さしたり月について語ったようなもので、月そのものを開示したのではない。「月」すなわち仏法。「靈山語月 曹溪指月」とも。

734
龍蛇易辨　衲子難瞞
リョウダはベンじやすし ノッスはマンじがたし
龍と蛇とは容易に見分けられるが、禅僧の実力は判定しにくい。見かけによらぬ傑物もいれば、見かけ倒しの愚物もいる。〔碧・四頌評唱ほか〕

735
定龍蛇眼　擒虎兕機
リョウダをさだむるまなこ コジをとらうるキ
龍であるか蛇であるかを見分ける眼力、虎や兕を捕らえる手腕。「兕」はサイのような猛獣。相手の力量を判別して教導する絶大な威力。〔碧・一一頌評唱〕

736
龍生龍子　鳳生鳳兒
リョウはリョウシをショウじ ホウはホウジをショウず
龍の子は龍、鳳の子は鳳。

737
驢事未去　馬事到来
ロジいまださらざるに バジトウライす
ロバが片づかぬのに、ウマの用事が出来る。くだらぬ用事が次々とやって来る。「仏法とは何か」などと尋ね歩く連中に対する痛烈な皮肉。「仏法」などというお荷物を下ろして我が身一つになれ、という示唆。

738
吾王庫内　無如是刀
わがオウのコナイに かくのごときかたなし
王の庫にそのような刀はない。『涅槃経』に見える寓話で、我執に惑い幻の刀を妄想する愚かさを戒めた話。

9字

739
臨危不變　方是丈夫兒
あやうきにのぞんでヘンぜずして はじめてこれジョウブジ
740「臨危不變 始稱真丈夫」に同じ。〔碧・七五本則著語〕

740
臨危不變　始稱真丈夫
あやうきにのぞんでヘンぜずして　はじめてシンのジョウブとショウす
危険に直面して顔色一つ変わらなくてこそ一人前。〔碧・三八本則評唱〕

741
不是心　不是佛　不是物
フゼシン　フゼブツ　フゼモツ
心でもなく、仏でもなく、物（衆生）でもない。あらゆる図式や枠づけが意味をなさない世界。

10字

742
相逢不相識　共語不知名
あいおうてあいしらず　ともにかたりてなをしらず
出会っても相手に見覚えはなく、語り合っても名も知らぬ。対面し対話しているだけで充足した在りようのほほんとしているのが一番。〔臨・示衆一〇〕

743
豈知潭底月　元在屋頭天
あにしらんタンテイのつき　もとオクトウのテンにあり
池に映って見える月は、家の上の天空にかかっていたのだった。

744
臨危而不變　方是丈夫兒
あやうきにのぞんでヘンぜざるは　まさにこれジョウブジなり
739「臨危不變　方是丈夫兒」に同じ。

745
錯認驢鞍橋　作阿爺下頷
あやまってロアンキョウをとめて　アヤのカガンとなす
844「錯認馬鞍橋　喚阿爺下頷」と同じ。

746
暗裏施文彩　明中不見蹤
アンリにモンサイをほどこし　メイチュウにあとをみず
暗い中にサインが施されてあり、明るい中に痕跡が見えない。達人の言葉や行為のこと。「文彩」「蹤」は、漏れ出たり滲み出たりするシミのようなもの。シミをのこす修行者は未熟。

747
道即太煞道　只道得八成
いうことはすなわちはなはだいう　ただハチジョウをいいえたり
口はなかなか達者だが、八割程度しか言えていないぞ。〔碧・八九本則ほか〕

748
家肥生孝子　國覇有謀臣
いえこえてコウシをうみ くにハしてボウシンあり
家が豊かなときには孝行な子が生まれ、国が強いときには有能な臣下がいる。なお、「家貧にして孝子を顕し、国難くして忠臣を識る」という格言もある。

749
坐石雲生衲　添泉月入瓶
いしにザすればくもノウにショウじ いずみをそうればつきビョウにいる
石の上に坐していると雲が衲衣に生じ、泉を汲み取ると月が瓶に入っている。

750
一花開五葉　結果自然成
イッカゴヨウをひらき ケッカジネンになる
一つの花が五つの葉をしげらせ、実りがおのずと成就する。達磨の語。

751
一夜落花雨　滿城流水香
イチヤラッカのあめ マンジョウリュウスイかおる
一夜落花が雨のように降り注ぎ、おかげで町中の流水が香ばしい。

752
一句合頭語　萬劫繋驢橛
イックガットウのゴ マンゴウのケロケツ
ぴたりとツボを押さえた名文句は、ロバを繋ぎとめる杭のように人を永遠に縛りつけてしまう。どんな名文句もそれを後生大事にしていては現状からの進展が望めない。〔碧・四二頌評唱〕

753
一句定乾坤　一劍平天下
イックケンコンをさだめ イッケンテンカをたいらぐ
一言で天地の秩序を定め、一振りの剣で天下を治める。

754
一聲雷發動　蟄戸一時開
イッセイライハツドウ チッコイチジにひらく
雷鳴一つによって、閉ざされていた戸が開く。

755
宇宙無雙日　乾坤只一人
ウチュウにソウジツなく ケンコンにただイチニン
宇宙に太陽が二つ無いように、天地に一人の人間はただ一人しかいない。

756
雨中看杲日　火裏酌清泉
ウチュウにコウジツをみ カリにセイセンをくむ
雨の降る空に明るい太陽を見、燃える火の中から清らかな泉を酌む。

757
海枯終見底　人死不知心
うみかれてついにそこをみるとも

ひとシしてこころをしらず
海の水が枯れればついには底が見えるけれど、人は死んでも心は知られない。唐の杜荀鶴の詩「感寓」の句。

758
黄連未是苦　甘草未是甘
オウレンはいまだこれにがからず　カンゾウはいまだこれあまからず
413「甘草甜　黄連苦」を参照。

759
懐州牛喫禾　益州馬腹脹
カイシュウのうしカをキッし　エキシュウのうまはらふくる
懐州で牛が飼い葉を食うと、益州で馬が腹一杯になる。時空を超えた阿吽の呼吸の見事さ。567「大唐打鼓新羅舞」などと同旨。〔碧・九六頌評唱〕

760
華岳連天碧　黄河徹底流
カガクはテンにつらなってあおく　コウガはそこにテッしてながる
華山は天空にまで青くつらなり、黄河は水底までとうとうと流れる。仰ぎ見る高邁さと窺い知れぬ奥深さとを共に具現した境涯。

761
風定花猶落　鳥啼山更幽
かぜさだまってはななおおち　とりないてやまさらにユウなり
風が吹きやんだ後にも花びらは散り、鳥の鳴き声が山の静けさをよりいっそうきわだたせる。下句は南朝・梁の王籍「入若耶溪」の句。

762
被他獅子皮　却作野干鳴
かのシシヒをきて　かえってヤカンミョウをなす
獅子の皮をかぶって（こけおどしの説法をしても）、内容はジャッカルの鳴き声。〔臨・示衆一四〕

763
寰中天子勅　塞外将軍令
カンチュウはテンシのチョク　サイガイはショウグンのレイ
国内をとりしきるのは天子の勅令、辺境をとりしきるのは将軍の威令。辺境にあっては天子も手が出せない。〔碧・四四頌著語ほか〕

764
採菊東籬下　悠然見南山
キクをとるトウリのもと　ユウゼンとしてナンザンをみる
陶淵明の有名な詩句。達磨が中国に禅を伝える以前に陶淵明は禅を体得していた証拠として取り上げられる。しかし、その「真意」を辨ずることこそが肝要であり、言を忘れてはならないというのが禅の精神。

765
来説是非者　便是是非人
きたってゼヒをとくもの　すなわちこれゼヒのひと
あれこれ文句を言う者こそ、いろいろ問題の有る人だ。〔碧・七四本則著語、無・一八〕

766
雖有逆水波　只頭上無角
ギャクスイのなみありといえども ただズジョウにつのなし
逆巻く波を立てても、頭に角が無い。龍になりきれていない。〔碧・七九頌著語〕

767
曲終人不見　江上數峰青
キョクおえてひとみえず コウジョウスウホウあおし
曲が終わると演奏者の影は無く、川のほとりに青い峰々が見えるのみ。唐の銭起の詩「湘霊鼓瑟」の句。

768
機輪未曽轉　轉必両頭走
キリンいまだかつてテンぜず テンずればかならずリョウトウにはしる
からくり仕掛けの車輪はまだ回っていない、回れば必ず有か無かのどちらかに向かう。〔碧・六五頌ほか〕

769
苦瓠連根苦　甜瓜徹蔕甜
クコはねにつらなってにがし テンカはほぞにテッしてあまし
ニガウリは根まで苦く、アマウリはヘタまで甘い。〔碧・八七本則著語ほか〕

770
國清才子貴　家富小兒驕
くにきよくしてサイシたっとし いえとんでショウニおごる
国が治まると才子が高い地位につき、家が豊かだと子どもはわがままになる。〔無・一七〕

771
薫風自南来　殿閣生微涼
クンプウみなみよりきたり デンカクにビリョウショウず
爽やかな風が南から吹き、宮中の建物にほのかな涼しさがもたらされた。唐の文宗が暑い夏の日に詠じた句に続けて柳公権が詠じた句。文宗に激賞され、柳公権はさらにこの二句を御殿の壁に書くよう命ぜられ、その書もまた感歎されたという。

772
鯨呑盡海水　露出珊瑚枝
ゲイカイスイをのみつくして サンゴのえだをロシュツす
クジラが海水を呑みほして、サンゴの枝があらわになる。妄念がすっかりとりはらわれて、真実そのものが輝き出るたとえ。

773
勁松彰歳寒　貞臣見國危
ケイショウサイカンにあらわる テイシンくにのあやうきにあらわる
松のつよさは寒さによって際立ち、臣下のよしあしは国家の危機に際して明らかになる。潘岳「西征賦」の句。

774
剣閣路雖嶮　夜行人更多
ケンカクみちケンなりといえども ヤコウのひとさらにおおし
剣閣を通る路は峻嶮であるが、しかもそこを夜中に突破する人が昼間より多い。日没後の通行を禁ずる法令を敢えて犯して難路を行く、非常なしたたか者。

775

剣刃上走馬　火焔裏蔵身

ケンニンジョウにうまをはしらせ カエンリにみをかくす

白刃の上に馬を走らせ、火焔の中に身をかくす。達道者の超人的な技の形容。

776

紅霞穿碧落　白日繞須弥

コウカヘキラクをうがち ハクジツシュミをめぐる

あかね雲の彩りが天空をつらぬき、太陽の輝きが須弥山をめぐる。「霞」は「かすみ」ではなく、赤い雲気。

777

贏得項上笠　失却脚下鞋

コウジョウのかさをかちえて あしもとのわらじをうしなう

頭にのせる笠を手に入れただけで、足につける草鞋は失ってしまった。高い理念をわきまえてはいるものの、日常的な実践ができていない。〔碧・四本則著語〕

778

識取鉤頭意　莫認定盤星

コウトウのイをシキシュせよ ジョウバンジョウをとむることなかれ

垂らされた釣り針の先にこもっている釣り人の意図を見て取れ。秤りの目盛りにとらわれているような硬直した見方をしてはならぬ。〔碧・二本則評唱ほか〕

779

在江南為橘　在江北為枳

コウナンにあってはキッとなし コウホクにあってはキとなす

江南のタチバナ、江北のカラタチ。環境によって変化することの喩え。「江南橘化為枳」とも。

780

鵠不浴而白　烏不染而黒

コウはヨクせずしてしろく からすはそめずしてくろし

ハクチョウは水浴びしないのに白く、カラスは染めないのに黒い。『荘子』天運篇の「鵠は日ごとに浴せずして白く、烏は日ごとに黔《くろくそめ》ずして黒し」に基づく。〔碧・八四頌著語ほか〕

781

擧頭殘照在　元是住居西

こうべをコすればザンショウあり もとこれジュウキョのにし

頭を挙げると夕映えが見え、なんと住まいの西だった。〔碧・三四頌評唱ほか〕

782

據虎頭亦得　収虎尾亦得

ことうによるもまたよく コビをおさむるもまたよし

虎の頭にまたがるもよし、虎の尾を手中にするもよし。〔碧・六八頌評唱〕

783
枯木倚寒巖　三冬無暖氣

コボクカンガンによりサントウダンキなし

枯れ木が寒々とした岩にたおれかかり、冬の間ぬくもりの気配すら無し。枯れきった境地。また、生機を失ってしまった状態。

784
此夜一爐火　渾家身上衣

こよいイチロのひ コンケシンジョウのころも

この寒い一夜の囲炉裏の火は、家の者みなの身をつつむ衣。質素で厳しい禅林の修行における、心を一つに合わせた暮らしぶり。

785
不是少林客　難為話雪庭

これショウリンのカクにあらずんば
セッテイをかたるにナンイならん

少林寺の達磨と対等の賓客でなければ、雪降る庭に立ちつくしたあの慧可のことは語れまい。

786
受災如受福　受降如受敵

サイをうくることフクをうくるがごとくし
コウをうくることテキをうくるがごとくす

災難に遭っても幸福にめぐりあったように対処し、降伏した相手でも敵として処遇する。柔軟かつしたたかな対応。〔碧・三八頌著語〕

787
酒逢知己飲　詩向會人吟

さけはチキにあってのみ シはカイジンにむかってギンず

酒は気心の知れた友と飲み、詩はその理解者と吟ずる。

788
座上無老僧　目前無闍梨

ザジョウにロウソウなし モクゼンにジャリなし

高座に老僧（つまりこの私）はいないし、私の目前に闍梨（すなわちそなた達）はいない。

789
山花開似錦　澗水湛如藍

サンカひらいてにしきににたり カンスイたたえてあいのごとし

山の花は錦のよう、谷川の水は深い青。「堅固な法身とはどういうものか」という問いに答えた詩句。教条的な問いに対して、さらりと答えた。趣旨を的確にとらえて平仄も整い、内容も修辞もともに秀逸とされる名句。〔碧・八二本則〕

790
不遊三級浪　争識禹門高

サンキュウのなみにあそばずんば
いかでかウモンのたかきことをしらん

三段の激浪を体験しなければ、龍門の高峻さは実感できない。「三級浪」は禹が三段に開鑿して黄河の流れを通した龍門のこと。崇高な達道者の風格は、実際にその人に接してみなければ分からない。

791

要知山上路　須是去来人

サンジョウのみちをしらんとヨウせば
すべからくこれコライのひとなるべし

山上の路が知りたければ、通い慣れた人に尋ねるにかぎる。〔碧・三四本則著語〕

792

直透萬重關　不住清霄内

じきにバンチョウのカンをとおって
セイショウのうちにもとどまらず

厳重な難関をまっすぐ突破し、青天にまで飛揚してさらにそこをも超えて行く。「清霄」は「青霄」とも。〔臨・行録一二〕

793

用盡自己心　笑破他人口

ジコのこころをもちいつくして　タニンのくちをショウハす

苦心惨憺のあげくに、人を大笑いさせる。

794

四塞狼煙断　九天鳳瑞新

シサイロウエンたえ　キュウテンホウズイあらたなり

四方の塞の狼煙が消え、天上には瑞鳥である鳳が舞い始める。戦乱が終息して天下太平。

795

十方無壁落　四面亦無門

ジッポウヘキラクなく　シメンまたモンなし

八方上下に仕切り無く、四面のどこにも門が無い。まったくのガランドウ。判断も行動も起こしようのない、アッケラカンとした世界。〔碧・三六頌評唱ほか〕

796

十年歸不得　忘却来時道

ジュウネンかえることをえず　ライジのみちをボウキャクす

もう十年も家へ帰れぬまま、来た時の道は忘れてしまった。寒山の詩句。〔碧・三四頌〕

797

欲得周郎顧　時時誤拂絃

シュウロウがかえりみをえんとほっして
ジジあやまってゲンをはらう

周さまに振り向いてほしいから、しょっちゅう間違えて爪弾くのです。三国時代の呉の名将周瑜は音楽の達人でもあり、楽人の演奏にミスがあるとすぐに気づき、「曲に誤りあれば、周郎顧みる」と称された。唐の李端の詩句。

798

出身猶可易　脱體道應難

シュッシンはなおやすかるべきも
ダッタイにいうことはまさにかたかるべし

悟境に達するのはむしろやさしい、達した悟境のありようをそのままに言いとめることの方が実はむつかしい。〔碧・四六本則ほか〕

799
主賓分兎馬　棒喝辨龍蛇
シュヒントメをわかち ボウカツリョウダをベンず
主か賓かは兎と馬とのようにはっきりと分かれ、棒喝を浴びせれば龍か蛇かが弁別される。

800
春色無高下　花枝自短長
シュンショクコウゲなく カシおのずからタンチョウ
春景色に高低上下の違いは無いが、花咲く枝には短いものあり、長いものもある。

801
相識滿天下　知心能幾人
ショウシキテンカにみち チシンよくいくたりぞ
顔なじみは世間にあふれていても、気心の知れた友は幾人いようか。人の心を知る者は罕《まれ》。

802
不因樵子路　争到葛洪家
ショウシのみちによらずんば いかでかカッコウがいえにいたらん
木こりがつけた小路をたどっていかなければ、葛洪の家には到着できない。葛洪は神仙道の大家。仙郷に入るには卑近な路を行くほかない、という意。唐の盧綸の詩では「木こりの径をたどって行ったら、なんと葛洪の家にたどりついた」という。

803
看盡瀟湘景　和舟入畫圖
ショウショウのケイをみつくして ふねにワしてガトにいる
瀟湘の風景を見つくし、そこに舟を添えて一つの画面に収める。

804
笑面當慈悲　苦心含惡毒
ショウメンはジヒにあたり クシンはアクドクをふくむ
この笑顔は慈悲行の代わり、心中は惨澹たる毒気に満ちている。

805
陣雲横海上　拔劍攪龍門
ジンウンカイジョウによこたえ ケンをぬいてリュウモンをかく
じっと雲が海上に横たわっている、そこで剣を抜いて龍門を切り開いた。一気に黄河の水を通して海上の雲を消し去ろうという勢い。権威の停滞性を根本から突き崩す、単刀直入の処断。

806
神通并妙用　運水及搬柴
ジンツウならびにミョウユウ みずをはこびまたまきをはこぶ
神通力の発揮と霊妙なはたらきとして、水や薪の運搬をする。「君の日々の仕事ぶりは?」という問いに答えた偈の二句。日常的な営為がそのまま仏としてのはたらきにほかならないという趣旨。〔碧・四二本則評唱〕

807
青山自青山　白雲自白雲
セイザンおのずからセイザン ハクウンおのずからハクウン
青山はもともと青山であり、白雲はもともと白雲である。

808
青山元不動　白雲自去来
セイザンもとドウぜず ハクウンおのずからコライす
青山はもとから動かないし、白雲はかってに行ったり来たりしている。「どうすれば生老病死から出離できるか」という問いに答えた句。「青山元不動　浮雲飛去来」とも。

809
青天轟霹靂　陸地起波濤
セイテンにヘキレキをとどろかし リクチにハトウをおこす
青天に雷鳴をとどろかせ、陸地に波濤を立てる。

810
清風拂明月　明月拂清風
セイフウメイゲツをはらい メイゲツセイフウをはらう
169「清風明月」を参照。

811
護生須是殺　殺盡始安居
セイをまもるにはすべからくころすべし ころしつくしてはじめてアンゴたり
おのれの生を全うするためには、妨げとなる一切のものを抹殺しなければならぬ、抹殺し尽してこそ安泰というものだ。「仏」という観念を徹底的に断滅してこそ真の安心が得られる。

812
透過是非關　不住羅籠表
ゼヒのカンをトウカして ラロのそとにもとどまらず
是非善悪の価値判断の枠を突き抜けて、その束縛の枠の外に腰をすえることもない。仏鑑禅師の語。

813
前頭説一體　這裏説不同
ゼントウにはイッタイととき シャリにはフドウととく
前には一体であると言い、ここでは同じでないと言う。〔碧・四〇頌評唱〕

814
欲窮千里目　更上一層樓
センリにめをきわめんとほっして さらにのぼることイッソウのロウ
千里のながめを見きわめようと、さらにもう一階高いところまでたかどのを上る。唐の王之渙の詩「登鸛鵲楼」の句。

815
外不取凡聖　内不住根本
そとにはボンショウをとらず うちにはコンポンにジュウせず
外には凡人か聖人かという枠を認めず、内には根源の悟りに腰をすえない。〔臨・示衆三〕

816
太平歌有道　和氣笑迎春
タイヘイユウドウをうたい　ワキわらってはるをむかう

天下太平の世に人の道が行われるめでたさを歌い、和気藹々のうちに笑顔で新春を迎える。

817
只改舊時相　不改舊時人
ただキュウジのすがたをあらためて
キュウジのひとをあらためず

ただ姿だけ改めて、もとからの人柄は改めない。見かけは別人のようでも、本来の人としてのありようは失わないという趣旨。866「三日不相見　莫作舊時看」とは逆。

818
非但騎虎頭　亦解把虎尾
ただコトウにのるのみにあらず　またよくコビをとる

虎の頭に跨がったばかりか、その尻尾まで見事に押さえこんだ。〔臨・行録二〕

819
只見錐頭利　不見鑿頭方
ただスイトウのリなることをみて
サクトウのホウなることをみず

錐《きり》の尖端の鋭利さは見えても、鑿《のみ》の方形の刃先の切れ味は知らない。さまざまな機鋒がある、禅の風格の個性による違い。〔碧・六六本則著語ほか〕

820
只許老胡知　不許老胡會
ただロウコのチをゆるして　ロウコのエをゆるさず

老胡が知っていたとは認めるが、会得していたとは認めない。「老胡」は老いた胡人つまり達磨のこと。禅宗の初祖である達磨の権威にたじろがぬ気概、あるいは高ぶった情念の表出。〔碧・一頌評唱ほか、無・九〕

821
多年籠中鳥　今日負雲飛
タネンロウチュウのとり　コンニチくもをおってとぶ

ずっと籠の中の鳥だったが、今や雲を背にして飛び回っている。

822
貪他一盃酒　失却滿船魚
タのイッパイのさけをむさぼり
マンセンのうおをシッキャクす

一盃の酒を欲張り、船いっぱいの魚を失う。

823
玉向泥中潔　松經雪後貞
たまはデイチュウにおいてきよく
まつはセツゴをへてただし

珠玉は泥の中に在っても清らかであり、松は雪が降り積もっても青々としている。節操を堅く守って変わらないこと。

824

誰知席帽下　元是昔愁人

たれかしらんセキボウのもと
もとこれセキシュウのひとならんとは

年が改まって春の席帽をかぶっている人のその帽子の下にある顔は、なんと昔のままの愁いを背負い込んだ人の顔なのだ。「席帽」は風塵を防ぐために紗の垂れをつけた帽子。「昔愁人」とは、以前からの愁いを今も背負いこんでいる人。寒山の詩句。

825

誰知遠煙浪　別有好思量

たれかしるとおきエンロウに べつにコウシリョウあることを

遥かかなたのもやたちこめる水面に、この世ならぬ絶妙の思いがあることを誰が気づくだろう。〔碧・二四本則著語〕

826

踏破澄潭月　穿開碧落天

チョウタンのつきをトウハし ヘキラクのテンをセンカイす

澄みわたる水面の月を踏みつけ、碧くはてしない空に穴を開ける。

827

鶴飛千尺雪　龍起一潭氷

つるはセンジャクのゆきよりとび
リュウはイッタンのこおりよりたつ

鶴は千尺も積もった雪原を蹴って飛び立ち、龍は氷結した淵を突き破って昇り起つ。本来具有している実力の発揮。

828

丁寧損君徳　無言固有功

テイネイはクントクをそこなう ムゴンはまことにコウあり

くどくどと説くとかえって本来の良さを損なう、何も言わぬほうが見事な手並み。「丁寧」は「叮嚀」とも書く。〔無・二七〕

829

鐵蛇鑽不入　鐵鎚打不砕

テツジャもぐりこめず テッツイうてどもくだけず

鉄の蛇でもそこにはもぐりこめず、鉄鎚でもそれは打ち砕けない。「そこ」「それ」とは、思念も言語も届かない究極の境地や心境。

830

手把黄金鎚　敲落天邊月

てにオウゴンのつちをとり テンペンのつきをたたきおとす

手にした黄金の鎚で天空の月をたたき落とす。

831

手把白玉鞭　驪珠盡撃碎

てにハクギョクのむちをとり リシュことごとくうちくだく

白玉の鞭を手にとって、驪龍の珠をすべて粉砕する。〔碧・八二頌〕

832
出頭天外見　誰是我般人
テンガイにシュットウしみる　たれかこれわれつらのひと
頭を天空の外に出して眺めわたす、この私みたいな人が誰かいないものかと。唐の五台山智通の臨終の偈。

833
貪観天上月　失却掌中珠
テンジョウのつきをむさぼりみて　ショウチュウのたまをシッキャクす
天上の月の美しさに見とれて、手に握っていた明珠を紛失してしまう。明珠は、自己の清浄な本心のこと。〔碧・二八本則評唱〕

834
天共白雲曉　水和明月流
テンはハクウンとともにあけ　みずはメイゲツとともにながる
空は白雲とともに明け、川は明月とともに流れる。

835
東家杓柄長　西家杓柄短
トウカのシャクヘイはながし　セイカのシャクヘイはみじかし
東の家で使っているひしゃくの柄は長く、西の家で使っているひしゃくの柄は短い。それぞれに長短があって宜しい。それを統制して一律にそろえるというような愚を犯すな。

836
鬧市裏天子　百草頭老僧
ドウシリのテンシ　ヒャクソウトウのロウソウ
雑踏の中の天子、千草八千草の葉先の老僧。「老僧」とは禅の祖師である達磨のこと。祖師の意つまり禅の心は「百草頭」に歴々と生きている、という。

837
到頭霜夜月　任運落前溪
トウトウソウヤのつき　ニンヌンとしてゼンケイにおつ
ついに秋深い夜の月が、自然の運行のままに眼前の渓に影を落としている。〔碧・三四頌評唱ほか〕

838
動容揚古路　不堕悄然機
ドウヨウはコロにあがり　ショウゼンのキにダせず
我が心身は古仏伝来の理法に高揚し、寂滅の心境に落ちこむことはない。唐の香厳禅師の偈。

839
鳥啼人不見　花落木猶香
とりなきてひとみえず　はなおちてきなおコウばし
鳥は人知れず啼き、花は木から落ちても香をのこす。

840
長舒両脚睡　無偽亦無真
ながくリョウキャクをのべてねむれば　ギなくまたシンもなし
両脚をのびのびとして眠れば、この世には偽も真も無い。〔碧・七八頌評唱〕

841
随流認得性　無喜亦無憂

ながれにしたがってショウをニントクすれば よろこびもなくまたうれいもなし
意識の流れのままに心の本体を見て取れば、喜びも無く憂いも生じない。〔臨・示衆一〇〕

842
耳朶両片皮　牙齒一具骨
ニダリョウヘンピ ゲシイチグコツ
耳は顔の両側の皮、歯は一そろいの骨。せっかく持っている耳で聞き取れ、歯で噛み砕け。

843
猫有歃血徳　虎有起尸威
ねこにソウケツのトクあり とらにキシのイあり
猫には飼い主の悪血を吸い取って快癒させるというような徳があり、虎には死人を起ち上がらせてから食うという威力がある。畜生でさえこんな凄いはたらきをする、まして人間ならば、という戒め。

844
錯認馬鞍橋　喚阿爺下頷
バアンキョウをあやまりとめて よんでおやじのしたあごとなす
馬の鞍の破片を父親の下顎の骨と間違える。とんでもない取り違え。「驢鞍橋」、下句を「喚作驢下頷」とするテキストもある。〔碧・九八本則著語〕

845
破鏡不重照　落花難上枝
ハキョウかさねてうつさず ラッカえだにのぼりがたし
破れた鏡はもう姿を映さないし、散り落ちた花が枝にもどることはない。「大悟した人がなぜまた迷うのか」という問いに答えた句として見ると、「破鏡」「落花」は身心が一切の束縛から解放された境地の象徴。

846
白鷺沙汀立　蘆花相對開
ハクロサテイにたち ロカあいタイしてひらく
シラサギが白い砂浜に立ち、白いアシの花が向かい合って咲く。個別の相対性が消滅した情景。307「銀椀裏盛雪」と同旨。

847
始随芳草去　又逐落花回
はじめはホウソウにしたがってさり またラッカをおってかえる
草の香りにつられて出かけ、散る花びらをおいかけて帰る。唐の長沙禅師が遊山から帰ってきて、寺の山門で「どちらまで参られたのですか」と問われたときの答え。〔碧・三六本則〕

848
萬里無雲時　青天須喫棒
バンリくもなきとき セイテンすべからくボウをキッすべし
どこまでも雲の無い時、青空にも罰棒を喰らわさなければならない。一切平等の太平無事に収まりかえることへの叱咤。

849

暗消溪畔雪　輕拆壟頭梅

ひそかにきゆケイハンのゆき　かるくひらくロウトウのうめ

人知れず谷間の雪が消え、ひめやかに畦道の梅がほころぶ。

850

人無害虎心　虎無傷人意

ひとにとらをそこなうこころなければ　とらにひとをきずつくるイなし

こちらから手出しをしなければ、相手もむかって来ることはない。

851

人従橋上過　橋流水不流

ひとははしのうえをわたり　はしはながれてみずはながれず

人が橋を渡るとき、橋は流れて水は流れない。傅《フ》大士の頌の句。〔碧・九六頌評唱〕

852

不入驚人浪　難得稱意魚

ひとをおどろかすなみにいらずんば　ショウイのうおをえがたし

人が驚くような荒波に入らなければ、これはという大魚は獲られない。虎穴に入らずんば虎子を得ず。

853

驗人端的處　下口便知音

ひとをこころむタンテキのところ　くちをくだせばすなわちチイン

人の本質があらわになる場では、口を開いたとたんに力量が分かる。〔碧・二五本則評唱ほか〕

854

終日走紅塵　失却自家珍

ひねもすコウジンにはしり　ジケのチンをシッキャクす

一日じゅう世間を走り回り、自分の内にある宝物を紛失してしまう。「自家珍」とは、仏性のこと。

855

豹隱南山霧　鵬搏北海風

ヒョウはナンザンのきりにかくれ　ホウはホッカイのかぜにはうつ

美しい毛並みの豹はひっそりと南山の霧の中に隠れ、巨大な翼をもつ鵬は北海の強風に羽ばたく。それぞれの本性のありようのままの自由な行動。

856

覓火和煙得　擔泉帶月歸

ひをもとむるにけむりにワしてえ　いずみをになってつきをおびてかえる

火をもらったら煙もついてきた、湧き水を汲んできたらお月さまもいっしょだ。

857

碧玉盤中珠　瑠璃殿上月

ヘキギョクバンチュウのたま　ルリデンジョウのつき

碧玉盤の中の珠、瑠璃殿の上に出た月。

858
棒下無生忍　臨機不讓師
ボウカのムショウニン キにのぞんでシにゆずらず
棒によって不生不滅の境地を体得したからには、師の棒を受けようとも引き下がりはしない。『論語』衛霊公篇の「當仁不讓於師（仁に当たりては師に譲らず）」の気概。〔碧・三八本則評唱ほか〕

859
将謂胡鬚赤　更有赤鬚胡
まさにおもえりコシュシャク さらにシャクシュコあることを
胡人の鬚は赤いと思っていたら、なんと赤鬚の胡人がいた。〔無・二〕

860
松無古今色　竹有上下節
まつにココンのいろなく たけにジョウゲのふしあり
松は常に変わらぬ色をもち、竹には一定の節がある。「竹有上下節 松無古今色」とも。

861
水流元入海　月落不離天
みずながれてもとうみにいり つきおちてテンをはなれず
水はどこへ流れても最後は海へ入り、月は落ちても天空から離れることはない。人も悟ったからといって別人になるわけではなく、迷ったからといって本来の自己から離れてしまうわけではない。

862
水深波浪静　學廣語聲低
みずふかくしてハロウしずか ガクひろくしてゴセイひくし
深い水の波が静かなように、博学の人は穏やかに語る。

863
掬水月在手　弄花香満衣
みずをキクすればつきてにあり はなをロウすればかころもにみつ
水を掬って見れば月が手の中に在り、花をいじっていたら香りが衣に立ちこめた。唐の于良史の詩「春山夜月」の句。

864
道無心合人　人無心合道
みちはこころのひとにガッするなく ひとはこころのみちにガッするなし
道には人と合一しようとする心は無く、人にも道と合一しようとする心が無い。道と人とが一体になったところ。

865
路遥知馬力　歳久識人心
みちはるかにしてうまのちからをしり としひさしくしてひとのこころをしる
長駆してこそ馬の実力が分かり、長くつきあってみてこそ人の心は分かる。

866
三日不相見　莫作舊時看
みっかショウケンせずんば　キュウジのカンをなすことなかれ
三日も会わなければ、昔のままだと思ってはならぬ。一つのところにとどまり完結してしまってはならない。

867
無為無事人　猶遭金鎖難
ムイブジのひとすら　なおキンサのナンにあう
無為無事の人ですら、金の鎖につながれるという憂き目に遭う。たとえ貴重な黄金であってもそれが人を縛るものとなる。「無為無事」が鎖に化する怖ろしさ。〔碧・三七本則評唱〕

868
若識琴中趣　何勞絃上聲
もしキンチュウのおもむきをしらば
なんぞゲンジョウのこえをロウせん
琴曲の妙趣が分かっていれば、なにも絃を弾いて音を出すまでもない。無絃の琴の楽しみ。

869
若是鳳凰兒　不向那邊討
もしこれホウオウジならば　ナヘンにむかってたずねざれ
鳳凰というものは、そこらあたりで見つかるものではない。

870
若不同床睡　焉知被底穿
もしドウショウにねむらざれば
いずくんぞふとんのうがたるをしらん
同じ寝床に寝てみなければ、掛け布団の裏に穴のあいていることがどうして分かろう。離れていては、その人の内実は分からない。〔碧・四〇頌著語〕

871
木鷄鳴子夜　芻狗吠天明
モッケイスヤになき　スウクテンメイにほゆ
木彫りの鶏が夜半に鳴き、わら作りの犬が夜明けに吠える。

872
本是山中人　愛説山中話
もとこれサンチュウのひと　アイしてサンチュウのワをとかしむ
もともと山中の人なればこそ、山中のことばかり語りたがる。

873
出門逢釋迦　入門逢弥勒
モンをいでてはシャカにあい　モンにいりてはミロクにあう
門を出て釈迦に出会い、門を入ると弥勒に出会う。

874
柳色黄金嫩　梨花白雪香
やなぎのいろはこがねにしてやわらかに
なしのはなはしらゆきにしてかぐわし

柳の葉はやわらかな黄金のよう、梨の花はかぐわしい白雪のよう。「明暗に落ちざる一句」を求められた答え。李白の「宮中行楽詞」による。

875

行到水窮處　坐看雲起時

ゆきていたるみずのきわまるところ
ザしてみるくものおこるとき

山中を歩いて流れの源に到りつき、腰をおろして雲の湧き起こるところを見る。生成の根源すなわち物事の勘どころを見てとる意。王維詩「終南別業」の句。

876

幽州猶自可　最苦是江南

ユウシュウはなおカなり　もっともクなるはこれコウナン

幽州で暮らすのはまだしもよい、一番つらいのは江南での暮らしだ。幽州は中国北辺のきびしい風土。江南は温暖で物の豊かな風土だが、だからこそ、そこでは自律的に生きぬくことはむつかしい。恵まれた環境は却って人を損なうこともある。〔碧・二一本則著語〕

877

驪珠光燦爛　蟾桂影婆娑

リシュひかりサンラン　センケイかげバサ

宝珠の光はきらきら輝き、月の影はゆらゆらと揺れる。

878

靈山如畫月　曹溪如指月

リョウゼンはつきをえがくがごとく
ソウケイはつきをさすがごとし

734「靈山指月　曹溪話月」を参照。

879

両頭倶截断　一剣倚天寒

リョウトウともにセツダンして　イッケンテンによってすさまじ

二つともに断ち切った一剣が天に向かって冷やかに屹立する。「両頭」は有無・是非・善悪などの相対性。相対的価値観をスパリと截断する白刃。

880

狼煙一掃盡　萬里賀太平

ロウエンイッソウしつくして　バンリタイヘイをガす

のろし台がすっかり取り払われて、天下太平を祝う。

881

六六三十六　清風動脩竹

ロクロクサンジュウロク　セイフウシュウチクをドウず

六かける六は三十六であり、風が吹けば竹はそよぐ。明白な事実あたりまえの姿。

11字

882

欲知佛性義當觀時節因縁

ブッショウのギをしらんとほっせば
まさにジセツインネンをみるべし

仏性の本質を見て取りたいのなら、そのための機が熟しているかどうか自覚できていなければならない。「知」を「識」とする例もある。〔碧・一四本則評唱ほか〕

12字

883

相罵饒你接觜相唾饒你潑水

あいのることはなんじにゆるすくちばしをつげ
あいダすることはなんじにゆるすみずをそそげ

こちらの罵りにお前さんは言い返していいぞ、唾を吐いたお返しに水をぶっかけていいぞ。さあ、かかってこい！〔碧・二本則評唱ほか〕

884

家貧難辨素食事忙不及草書

いえヒンしてソシをベンずることかたく
ことい そがしくしてソウショにおよばず

貧しい暮らしで粗末な食事にも事欠き、多忙のために走り書きの手紙も書けぬ。〔無・二一〕

885

一喝大地震動一棒須弥粉砕

イッカツダイチシンドウし イチボウシュミフンサイす

一喝で大地を震動させ、一棒で須弥山を粉砕する。

886

添一句也不得減一句也不得

イックをそうることをもまたえず
イックをへらすことをもまたえず

一句も付け足せず、一句も削れない。詩文の出来栄えを褒める語。〔碧・三六頌著語〕

887

有佛處不得住
無佛處急走過

ウブツのところはとどまることなかれ
ムブツのところはいそぎとおりすぎよ

仏さんのいるところにとどまってはいけない、仏さんのいないところはさっさと走り去れ。有仏のところに長くいれば仏に魅入られる恐れがあり、無仏のところでは仏にされてしまうかもしれないから。仏にとらわれてはならない。〔碧・九五垂示〕

888

寒時寒殺闍梨
熱時熱殺闍梨

カンのときはジャリをカンサツし
ネツのときはジャリをネッサツす

寒い時はとことん冷え切り、暑い時はとことんうだり切るのだ。唐の洞山禅師が、僧に「寒暑到来すれば、いかに回避せんや」と問われて「寒暑の無い処に行け」と答え、さらに「それはどんな処か」と問われて答えた言葉。なお、良寛は言う、「災難に逢ふ時節には災難に逢ふがよく候。死ぬる時節には死ぬるがよく候。是れはこれ災難をのがるる妙法にて候」。〔碧・四三本則〕

889

雖有逆水之波
只是頭上無角

ギャクスイのなみありといえども ただこれズジョウにつのなし

波を逆流させるほどの気魄は有るものの、惜しいことに頭に角が無い。「和尚をロバ（愚か者）と呼んでもよいか」と詰めよる勇み足の僧に対する批評。角を生やすことができたら龍にでも成れたかもしれぬが、やはりお前さんのほうがロバだ。〔碧・七九本則著語〕

890

将魚目作明珠
認橘皮作猛火

ギョモクをもってメイシュとなし キツビをとめてモウカとなす

魚の目玉を真珠と取り違え、蜜柑の皮を猛火と勘違いする。明白な誤解。

891

要明向上鉗鎚　須是作家爐韛

コウジョウのケンツイをあきらめんとほっせばてだれのロハイをまつべし

最高の鉗鎚であることを明らかにするには、手練のふいごを用いなければならない。至高の指導者の実力を見るには、弟子にもそれ相応の器量が要請される。〔碧・四三垂示〕

892

豁開金剛眼睛　看取目前善悪

コンゴウのガンゼイをカッカイしモクゼンのゼンアクをカンシュす

金剛石のような瞳をひらいて、目前の善悪を見て取る。

893

逐鹿者不見山　攫金者不見人

しかをおうものはやまをみず　キンをつかむものはひとをみず

鹿を逐う者は山が眼に入らず、金を手に入れようと夢中になっている時は他人が見えない。目的にとらわれると周囲や全体が見えなくなる。

894

獅子不咬麒麟　猛虎不餐伏肉

シシキリンをかまず　モウコフニクをサンせず

獅子は麒麟にかみつかず、猛虎は屍肉を喰らわない。高邁な者は相手を選ぶ。

895

獅子不餐鵰殘　快鷹那打臥兎

シシチョウザンをサンせず　カイヨウなんぞガトをうたん

獅子はワシの食べ残しを喰らわず、タカは寝ている兎を襲わない。

896

日月雖有清明　不照覆盆之下

ジツゲツセイメイありといえども　フボンのしたをばてらさず

太陽や月の光の明るさも、盆が覆った下を照らすことはない。

897

日月照臨不到　天地蓋覆不盡

ジツゲツもショウリンしいたらず テンチもガイフクしつくさず
日月も照らしきれず、天地も覆いつくせない。

898
不逢出世明師
枉服大乗法薬

シュッセのミョウシにあわず むなしくダイジョウのホウヤクをフクす

俗世を超出したすぐれた師匠に出会えず、大乗の教えの薬を服用しても効き目がみられない。

899
定盤之星難明
野狐之趣易堕

ジョウバンのほしはあきらめがたく ヤコのおもむきにはおちやすし

秤りの目盛りを見分けるのは難しく、野狐禅には陥り易いもの。〔碧・三教老人序〕

900
浄裸裸絶承當
赤洒洒没窠臼

ジョウララショウトウをゼッし シャクシャシャカキュウなし

きれいさっぱり何も受けとらず、すっぱだかで捉われがない。

901
諸天捧花無路
外道潜窺無門

ショテンもはなをささぐるにみちなく ゲドウもひそかにうかがうにモンなし

天人たちが花を捧げて賛えようにも手だてが無く、外道たちがひそかにつけこもうにも隙が無い。痕跡をとどめぬ修行ぶり。〔碧・一六垂示〕

902
坐断千聖路頭
打破群魔境界

センショウのロトウをザダンし グンマのキョウカイをダハす

千人もの聖者たちが歩んだ路を断ち切り、邪悪な教説をなすやからの世界を打ち砕く。仏をも踏み超えようという志向と、邪禅の徒を撲滅せんとする気概。

903
驚走陝府鐵牛
嚇殺嘉州大象
センプのテツギュウをキョウソウし
カシュウのダイゾウをカクサツす
陝府の巨大な鉄牛を驚かして遁走させ、嘉州の大仏像を嚇してちぢみ上がらせる。達道者が発揮する絶大な力量の喩え。〔碧・三八頌著語〕

904
大象不遊兎徑
大悟不拘小節
ダイゾウトケイにあそばず ダイゴショウセツにかかわらず
巨象はウサギの通り径をうろつかない。大悟は枝葉末節に拘っていては得られない。『証道歌』の句。

905
只有湛水之波
且無滔天之浪
ただタンスイのなみあるのみにして
しばらくトウテンのなみなし
静まった水面のさざ波だけで、天に逆巻く怒濤は無いぞ。外へ打って出る意欲を促す語。

906
達磨不来東土
二祖不往西天
ダルマトウドにきたらず ニソサイテンにゆかず
達磨は中国に来なかったし、二祖慧可はインドに往かなかった。我が禅はこの我が創出する。玄沙禅師の言葉。

907
趙璧本無瑕纇
相如謾誑秦王
チョウヘキもとカライなし
ショウジョシンオウをあざむきたぶらかす
和氏の璧にはもともと瑕など無い、藺相如は言葉巧みに秦王を欺いた。「完璧」の故事をふまえた句。禅匠は藺相如のような役回り。〔碧・普照序〕

908
毒蛇鼻頭揩痒
飢鷹爪下奪肉
ドクジャビトウにかゆきをかき
キヨウソウカにニクをうばう
毒蛇が痒いという鼻面をかいてやり、飢えたタカが爪でつかんでいる肉を奪い取る。豪胆かつ悪辣なやりくち。

909

拈却膩脂帽子　脱却鶻臭布衫

ニシボウシをネンキャクし　コッシュウフサンをダッキャクす

皮脂で汚れた帽子を取り払い、腋臭がしみついた上衣を脱がせる。行脚の旅をして出会ったさまざまな禅師たちの感化を受けて帰って来た修行者。そのふんぷんたる禅臭を落としてさっぱりとさせること。

910

展則彌綸法界　収則絲毫不立

のぶるときはすなわちホッカイにミリンし　おさむるときはすなわちシゴウもリッせず

それを展開すると宇宙全体に満ち溢れ、収束すると髪の毛も立たないほど微小となる。〔臨・示衆一四〕

911

破布嚢裏真珠　識者方知是寶

ハフノウリのシンジュ　しるものはまさにしるこれたからなることを

頭陀袋の中の真珠、分かっている者はそれが宝だと知っている。「真珠」とは、すべての人に本来そなわる仏性（仏となる可能性）のこと。

912

水至清則無魚　人至察則無徒

みずいたってきよければすなわちうおなく　ひといたってあきらかなればすなわちトなし

水があまりに清らかでは魚は棲みつかないし、人も察しがよすぎると仲間が寄りつかない。人の上に立つ者の完全主義を戒める。漢代以来の古い格言で、『大戴礼記』『孔子家語』や東方朔「答客難」などに見える。略して「水清無魚　人察無徒」とも。

913

路逢劍客須呈　不遇詩人莫獻

みちにケンカクにあわばすべからくテイすべし　シジンにあわずんばケンずることなかれ

986「路逢劍客須呈劍　不是詩人莫獻詩」に同じ。〔無・三三〕

914

求妙心於瘡紙　付正法於口談

ミョウシンをソウシにもとめ　ショウボウをコウダンにフす

霊妙な心をボロ紙の上にさがし求め、正しい法をおしゃべりの種にする。「瘡紙」は仏典のこと。「妙心」や「正法」は言語によっては伝わらないとする考え。〔碧・三教老人序〕

915

弥勒不入楼閣　善財不須彈指

ミロクロウカクにいらず　ゼンザイダンシをもちいず

弥勒菩薩は楼閣に入っていないのだから、善財童子は指をはじいて楼閣の門を開く必要はない。

916

面上夾竹桃花　肚裏參天荊棘

メンジョウはキョウチクトウカ　トリはサンテンのケイキョク

表情は夾竹桃の花のように美しくおだやかだが、腹の内には天にもとどくようなイバラの厳しさを秘めている。

917

猛虎口中奪鹿　饑鷹爪下分兎

モウコクチュウにロクをうばい　キヨウソウカにトをわかつ

猛虎の口から鹿をうばい、飢えたタカがつかんでいる兎を取る。

918

猛虎口裏横身　毒蛇鼻頭揩痒

モウコクリにみをよこたえ　ドクジャビトウにかゆきをかく

猛虎の口の中に身を横たえ、毒蛇の鼻をかいてやる。

919

若也形於紙墨　何處更有吾宗

もしシボクにあらわさば　いずこにかさらにわがシュウあらん

もしも書物に著したならば、どこにわが宗旨が有ろうか。肝心な教えを文章で表現することはできないとする考え。〔碧・一一本則評唱〕

920

登山則戮虎豹　入水則斬蛟龍

やまにのぼってはすなわちコヒョウをリクし
みずにいってはすなわちコウリョウをきる
山に登っては虎豹を殺し、川に入っては蛟龍を斬る。名剣の伝説。〔碧・周馳序〕

921

離婁不辨正色
師曠豈識玄絲

リロウショウシキをベンぜず シコウあにゲンシをしらんや
視力抜群の離婁でも色の本質は見て取れず、聴覚抜群の師曠でも音の本質を聞き取ることはできない。〔碧・八八頌〕

14字

922

青出於藍青於藍
氷生於水寒於水

あおはあいよりいでてあいよりもあおし
こおりはみずよりショウじてみずよりもすさまじ
青は藍からできるが藍よりも青い、氷は水からできるが水よりも冷たい。弟子が師匠よりもすぐれること。『荀子』勧学篇による。

923

安禪不必須山水
滅却心頭火自涼

アンゼンはかならずしもサンスイをもちいず
シントウをメッキャクすればひもおのずからすずし
静かに座禅するのに山水が必要なわけではない、心を滅却して分別のはたらきを無くしてしまえば火などもともと涼しいものだ。唐末の杜荀鶴の詩句。〔碧・四三本則評唱〕

924

有意氣時添意氣
不風流處也風流

イキあるときイキをそう
フウリュウならざるところまたフウリュウ
威勢のよい時にさらに威勢が加わり、徹底して殺風景なところに風流なおもむきが生まれる。意気軒昂たる修行が深まると、本来は風流とは無関係な修行に風流な味わいが出てくる。

925

一曲両曲無人會
雨過夜塘秋水深

イッキョクリョウキョクひとのエするなし
あめすぎてヤトウシュウスイふかし

一ふし二ふしの音曲の調べを味わえる者が無く、雨上がりの夜の池は秋の水を深々と湛えている。俗耳には聴き分けようもない深遠孤高な理法を喩える。〔碧・三七頌〕

926

一拳拳倒黄鶴樓
一趯趯翻鸚鵡洲

イッケンケントウすコウカクロウ
イッテキテキホンすオウムシュウ

一発で黄鶴楼を打ち倒し、一蹴りで鸚鵡洲を蹴飛ばす。多くの人が美しいと思っている価値あるものや聖なるものを否定し粉砕して、独立した自己を定位する。〔碧・一六頌評唱〕

927

一把柳絲收不得
和風搭在玉欄干

イッパのリュウシおさむることえず
かぜにワしてトウザイすギョクランカン

一つかみほどの量の細い柳の枝がはらはらと、玉のように美しい欄干の上で風に吹かれてたれかかっている。

928

一片白雲横谷口
幾多歸鳥夜迷巣

イッペンのハクウンたにぐちによこたわり
イクタのキチョウかよるすにまよう

ひとひらの白い雲が谷の入り口に横たわったために、どれだけの鳥たちがねぐらに帰れなくなったことか。〔碧・八二本則評唱〕

929

黄金自有黄金價
終不和沙賣與人

オウゴンにおのずからオウゴンのあたいあり
ついにいさごにワしてひとにマイヨせず

黄金にはそもそも黄金の値打ちがある、砂といっしょにして人に売ったりしないものだ。

930

王令已行徧天下
将軍塞外絶煙塵

オウレイすでにおこなわれてテンカにあまねし

ショウグンサイガイにエンジンをぜッす
国王の威令があまねく行きわたり天下太平、辺境を守る将軍は治安を確保して争いの塵ひとつ起こさせない。〔臨・示衆一〕

931

風吹柳絮毛毬走
雨打梨花蛺蝶飛

かぜリュウジョをふけばモウキュウはしり
あめリカをうてばキョウチョウとぶ
風が柳の花から白い綿毛を舞わせ、雨が梨の花から蝶のような花びらを飛ばす。

932

曽騎鐵馬入重城
勅下傳聞六國清

かつてテツバにのってチョウジョウにいる
チョクくだってつたえきくリッコクきよきことを
昔は鉄馬を馳せ難攻不落の敵城に攻め込んだが、今や天子の詔勅が行き渡り天下太平の世。〔碧・二四頌〕

933

曽經巴峡猿啼處
鐵作心肝也断腸

かつてハキョウのさるのなくところをへて
テッサのシンカンもまたダンチョウ
巴峡を通り猿の啼き声を耳にすると、鉄のように堅固に鍛え上げたこの心肝でさえ裂けてしまいそうだ。断腸の思いのような自然の心情はコントロール不能。

934

寒松一色千年別
野老拈花萬國春

カンショウイッシキセンネンベツなり
ヤロウはなをネンずバンコクのはる
（山では）寒さを凌いで立つ松がその緑一色を千年も変えぬという別格の在りようだ。（里では）田舎の古老が花を手にして天下の春を満喫している。寒松の頑強さと野老ののびやかさとの対照。〔臨・行録一三〕

935

眼中童子目前人
水底金烏天上日

ガンチュウのドウジモクゼンのひと
スイテイのキンウテンジョウのひ
眼に見える童子は目前の童子、水底に映る太陽は天上の太陽。

936

竿頭絲線従君弄
不犯清波意自殊

カントウのシセンきみがロウするにまかす
セイハをおかさずこころおのずからことなり

釣り竿の先の糸は好きなように操ってもらっていいが、静かな水面に波を立てないようにとはからう心がけも持つべきだろう。〔碧・七四本則著語〕

937

碁逢敵手難蔵行
詩至重吟始見功

キはテキシュにあってだてをかくしがたし
シはジュウギンにいたってはじめてコウをみる

互角の相手と打つ碁は、手筋を隠しにくいもの。詩は何度も吟じてみてこそ、出来栄えが分かるというもの。

938

金鶏啄破瑠璃卵
玉兎挨開碧落門

キンケイタクハすルリのラン
ギョクトアイカイすヘキラクのモン

太陽がルリの卵をつつき破って顔を出し、月が大空の門を押し開いて高く昇る。光に満ちた世界。

939

雲在嶺頭閑不徹
水流澗下太忙生

くもはレイトウにあってカンフテツ
みずはカンカにながれてタイボウセイ

雲は峰の頂上にあってどこまでものどかであり、水は谷川を流れてはなはだせわしない。

940

剣為不平離寶匣
薬因療病出金瓶

ケンはフヘイのためにホウコウをはなれ
くすりはリョウヘイによってキンビョウをいづ

剣は不平（いざこざ）を収めるために宝箱から取り出され、薬は病いを治療するため黄金の瓶から取り出される。理法は目的なしに開示されるのではなく、開示されれば必ずその力を発揮する。

941

黄鶴樓前法戰時
百千諸佛竪降旗

コウカクロウゼンホッセンのとき
ヒャクセンのショブツもコウキをたつ

黄鶴楼の前で禅問答が行われた時、百千の諸仏も白旗を掲げた。

942

江國春風吹不起 鷓鴣啼在深花裏

コウコクのシュンプウふきおこらず シャコないてシンカリにあり

江南の地ではまだ春風が吹き始めていないが、春の鳥が花に隠れて啼いている。時節は到っていないものの、春の風光はほのかに整ってきている。〔碧・七頌〕

943

江上晩来堪畫處 漁人披得一簑歸

コウジョウバンライえがくにたえたるところ ギョジンイッサをヒしえてかえる

川のほとりの絵のような夕暮れ時、漁師は簑をはおって帰途につく。唐末の鄭谷の詩句。有名な詩だが、蘇東坡は格調低俗なりと評した。

944

去國一身輕似葉 高名千古重於山

ココクイッシンはよりもかろし コウメイセンコやまよりもおもし

国を去る一人の身は木の葉よりも軽い、しかしその高名は千年に亘り山よりも重いだろう。筋を通したために左遷された人物への送別の詩句。自分の命を木の葉よりも軽いとした捨て身の剛直ぶりを讃える。また、この句のイメージの背景には、達磨が梁の国を見限り飄然と蘆の葉に乗って北魏へ渡ったという伝説を重ね合わせることができる。

945

五臺山上雲蒸飯 古佛堂前狗尿天

ゴダイサンジョウくもハンをむし コブツドウゼンいぬテンにニョウす

五台山の上では雲が飯を蒸しており、古仏を収めたお堂の前では犬が天に向かって小便をはね上げている。〔碧・九六頌評唱〕

946

巨靈擡手無多子 分破華山千萬重

コレイてをもたぐるにタシなし ブンパすカザンのセンバンジュウ

絶大な力をもつ巨霊神はなんの造作もなく手を振り上げて、千万と重なる華山の山脈を叩き割って黄河の水を通した。〔碧・三二頌、無・三〕

947

今朝有酒今朝酔
明日愁来明日愁

コンチョウさけあればコンチョウよい
メイジツうれいきたればメイジツうれえん
きょう酒があればきょう飲んで酔い、あした心配事があればあした心配しよう。

948

昨夜金烏飛入海
曉天依舊一輪紅

サクヤキンウとんでうみにいる
ギョウテンふるきによってイチリンくれないなり
きのうお日さまは海に沈んだ、けさまた真っ赤なお日さまが出た。

949

猿抱子歸青嶂後
鳥啣花落碧巖前

さるこをいだいてセイショウのしりえにかえり
とりはなをふくんでヘキガンのまえにおとす
猿は子を抱いて青い山並みの向こうへ帰り、鳥は花を啣えて来て碧巌の前に落として行った。唐の夾山禅師が「夾山の境とは？」と問われたときの答え。山中の実景をその禅境の象徴として提示したもの。問答の答えだが詩句としての格も整っている。

950

三級浪高魚化龍
癡人猶戽夜塘水

サンキュウなみたかくしてうおリョウと力し
チニンなおくむヤトウのみず
三段の高い堰に逆巻く浪を乗り越えた魚は龍と化したのに、愚か者はその魚を捕らえようと、いまだに夜の池で水をすくっている。〔碧・七頌ほか〕

951

三歳孩兒雖道得
八十老人行不得

サンサイのガイジいいうといえども
ハチジュウのロウジンおこないえず
三歳の幼児でも言えるけれど、八十の老人でも実行できない。「諸悪莫作 衆善奉行」についての問答の語。

952

四海盡歸皇化裏
三邊誰敢犯封疆

シカイことごとくコウカのうちにキす
サンヘンたれかあえてホウキョウをおかさん
天下はすべて天子の徳に帰服し、もはや国境を越えて侵略するものはいない。

953

四海浪平龍睡穏
九天雲静鶴飛高

シカイなみたいらかにしてリュウねむることおだやかに
キュウテンくもしずかにしてつるとぶことたかし

四海の波乱がおさまって龍はぐっすりと眠りにつき、雲が静かに浮かぶ大空に鶴は高く飛ぶ。天下太平の世における高士のそれぞれの在りよう。

954

四方八面絶遮欄
萬象森羅齊漏泄

シホウハチメンシャランをゼッす
マンゾウシンラひとしくロウセツす

四方八方に遮るものなく、一切万物がありのままの姿をあらわにしている。

955

芍藥花開菩薩面
棕櫚葉散夜叉頭

シャクヤクはなひらくボサツのおもて
シュロはサンずヤシャのかしら

芍薬の花は菩薩の顔のようにたおやか、棕櫚の葉は夜叉の頭のようにばさばさ。それぞれにありのままを露呈している。

956

從前汗馬無人識
只要重論蓋代功

ジュウゼンのカンバひとのしるなし
ただガイダイのコウをロンぜんことをヨウす

かつて戦場で馬に汗したたらせて駆けめぐったことを知る者は無い、もう一度あの一世一代の勲功について論じよう。〔碧・七垂示〕

957

春風得意馬蹄疾
一日看盡長安花

シュンプウこころをえてバテイとし
イチジツにみつくすチョウアンのはな

春風に吹かれつつ志を得て誇らしく馬を走らせ、一日で長安中の花を見尽くした。中唐の詩人孟郊が科挙に及第したときの詩句。孟郊はかつて二回落第し、それぞれに歎きの詩がある。この二句はいかにも「得意」の作であり、よい意味に利用されることは少ない。

958

仁義盡従貧處断
世情偏向有錢家

ジンギはことごとくヒンショよりたえ
セジョウはひとえにユウセンのいえにむかう

人の世の道理はすべて貧しさの故に滅び、世間はとかく金持ちに心を向ける。「世情」は世間の人情。

959

吹毛匣裏冷光寒
外道天魔皆拱手

スイモウ はこのなかにてレイコウすさまじ
ゲドウもテンマもみなてをこまぬく

吹きつけた毛も切れるという鋭い剣が箱の中で冷たく光り、外道も天魔も怖れ慎んで礼拝する。〔碧・六五本則評唱〕

960

進前則堕坑落塹
退後則猛虎銜脚

すすめばすなわちあなにおちほりにおち
しりぞけばすなわちモウコあしをくわう

前進すれば穴に落ち、後退すれば虎が脚に噛みつく。進退窮まった絶体絶命の危機。〔碧・五六頌著語〕

961

清源白家三盞酒
喫了猶言未濕唇

セイゲンハクカサンサンのさけ
キッしおわってなおいういまだくちびるをうるおさずと

清源の銘酒造りの白家の生一本を三杯も飲みながら、ぬけぬけとまだ唇が濡れていないと言うのか。お前は立派に清浄心を具えているのに、それに気づかないのか、という叱責。「清源」は泉州の古名で、『無門関』一〇などでは「青原」とする。

962

青松不礙人来往
野水無心自去留

セイショウはひとのライオウするをさまたげず
ヤスイはムシンにしておのずからキョリュウす

青松は人の往来をさまたげることなくたたずみ、野の川は自然のままに流れたりよどんだり。

963

石女舞成長壽曲
木人唱起太平歌

セキジョまいなすチョウジュのキョク
モクジンとなえおこすタイヘイのうた

石女が長寿の曲を舞い、木人が太平の歌をうたう。

964

是非已落傍人耳
洗到驢年也不清

ゼヒすでにボウニンのみみにおつ
あらってロネンにいたってもまたきよからず

評判はすでに第三者の耳に入ってしまった、その耳をいくら洗ったところで染みついてしまった評判はもう洗い落とせない。「驢年」とは、年数がたっただけで実は無内容な年齢。

965

千江有水千江月
萬里無雲萬里天

センコウみずありセンコウのつき
バンリくもなしバンリのテン

千の川の水にそれぞれ千の月影が宿り、万里に渡って雲が無く万里の天が広がっている。

966

曹溪波浪如相似
無限平人被陸沈

ソウケイのハロウもしあいにたらば
かぎりなきヘイジンはリクチンせられん

慧能以来の禅の流れがみな一様の似たものになってしまったら、数限りない無実の修行者たちが陸上にいながら溺れて窒息してしまうことになる。師資相承において心すべきこと。〔碧・九三頌ほか〕

967

大抵還他肌骨好
不塗紅粉自風流

タイテイかれにキコツのよきをかえせ
コウフンをぬらずおのずからフウリュウ

つまりは彼女にその生まれつきの容姿の美しさに戻ってもらうことだ、別に化粧などしなくても、もともと風情のある人なのだから。

968

太平本是将軍致
不許将軍見太平

タイヘイもとこれショウグンのいたすも
ショウグンのタイヘイをみることをゆるさず

太平の世は将軍がもたらしたもの、しかし（世が太平となった後は将軍は無用なのであり）将軍は太平を見ることが許されない。将軍が居座っている間は太平ではないように、手柄顔をした主人公を居座らせていては、真の安心立命にはならない。

969

竹密不妨流水過　山高豈礙白雲飛

たけはミツにしてリュウスイのすぐるをさまたげず　やまはたかくしてあにハクウンのとぶをさまたげんや

竹は密生していても川の流れをさまたげることなく、山はどんなに高くても白い雲が飛ぶのをさえぎらない。

970

竹影掃堦塵不動　月穿潭底水無痕

チクエイきざはしをはらってちりうごかず　つきタンテイをうがってみずにあとなし

竹の影がきざはしを掃いても塵は動かない、月の光が水底まで貫いても水はその痕跡を遺さない。無事の人の在り方。

971

點鐵化成金玉易　勸人除却是非難

テツをテンじてキンギョクにカセイするはやすく　ひとにすすめてゼヒをジョキャクするはかたし

鉄を黄金や宝玉にするのはむしろ易しい。人を説き伏せて妄念から抜け出させることは難しい。

972

手把琵琶半遮面　不令人見轉風流

てにビワをとってなかばおもてをさえぎり　ひとをしてみせしめずうたたフウリュウ

琵琶を手にして半ば顔を覆い、人に見せないところがいよいよ風流。これ見よがしは野暮。

973

天上有星皆拱北　人間無水不朝東

テンジョウほしありみなきたにこまぬき　ジンカンのみずはひがしにチョウせずということなし

天上の星はみな北斗を仰ぎ、地上の川はすべて東の海へと流れる。

974

東風吹散梅梢雪　一夜挽回天下春

トウフウふきサンずバイショウのゆき　イチヤバンカイすテンカのはる

東の風が梅の梢に積った雪を吹き散らし、一夜のうちに天下は春を迎えた。

975
睡美不知山雨過
覺来殿閣自生涼
ねむりビにしてサンウすぐることをしらず
さめきたってデンカクおのずからリョウをショウず
ぐっすり眠っていて気づかぬうちに雨が降り、目覚めてみたら室内は涼しくなっていた。771「薫風自南来　殿閣生微涼」を参照。

976
白雲鎖斷岩前石
掛角羚羊不見蹤
ハクウンサダンすガンゼンセキ
つのをかくるレイヨウあとをみず
白い雲は石を見えなくし、カモシカは角を木の枝に掛けて脚を浮かせて痕跡を絶つ。

977
白雲盡處是青山
行人更在青山外
ハクウンつくるところこれセイザン
コウジンさらにセイザンのそとにあり
白雲の尽きるところに青山があり、さらにその向こうを目指して行く人がある。

978
白雲深處金龍躍
碧波心裏玉兎驚
ハクウンふかきところにキンリュウおどる
ヘキハシンリにギョクトおどろく
白い雲の奥に金色の龍が躍り、碧い波の真っ只中に玉兎が驚く。〔碧・二四頌評唱〕

979
萬古碧潭空界月
再三撈摝始應知
バンコヘキタンクウカイのつき
サイサンロウロクしてはじめてまさにしるべし
太古のみどりをたたえる水面に映った空の月、くりかえしすくい取ってみてこそ実体が分かるであろう。

980
百尺竿頭須進歩
十方世界現全身
ヒャクシャクカントウすべからくホをすすむべし
ジッポウセカイにゼンシンをゲンぜん
百尺の高さの竿の先からさらに一歩進み、全世界に全身を現わす覚悟。〔無・四六〕

981

平生肝膽向人傾
相識猶如不相識

ヘイゼイのカンタンひとにむかってかたむく
ショウシキはなおフショウシキのごとし

ふだん肝胆相い照らすあいだがら、顔なじみなのにまるで面識の無い者どうし。腹蔵無くつきあえば、面識の有る無しなど関係ない。しかし、1000「平生の心胆人に傾けしむること莫かれ、相い識るは還って相い識らざるが如し」という戒めもある。本心を開いて見せたら、知りあいが赤の他人になってしまうこともある。意思疎通の難しさ。

982

平蕪盡處是青山
行人更在青山外

ヘイブつくるところこれセイザン
コウジンさらにセイザンのそとにあり

雑草の茂る原野の尽きたところに青山があり、さらにその向こうへと行く人がいる。限りなく先をめざして進む人。

983

没底籃裏盛白月
無心碗子貯清風

ボッテイランリにハクゲツをもり
ムシンのワンスにセイフウをたくわう

底抜けのザルに白く輝く月光を盛り、しんのない碗に清らかな風を貯える。

984

自携瓶去沽村酒
却著衫来作主人

みずからかめをたずさえゆきてソンシュをかい
かえってサンをつけきたってシュジンとなる

徳利さげて地酒を買いに行き、それから着替えて客人をもてなす。状況に応じて働きつつ本来の自己を見失わない自在な生き方。

985

水自竹邊流出冷
風従花裏過来香

みずはチクヘンよりながれいでてひややかなり
かぜはカリよりすぎきたってこうばし

水は叢竹の下をくぐり流れて冷やかに、風は花咲く中を吹きすぎて香ぐわしい。

986

路逢劍客須呈劍
不是詩人莫獻詩

みちにケンカクにあわばすべからくケンをテイすべし
これシジンにあらずんばシをケンずることなかれ
剣の達人に出会ったら剣を呈上して使ってもらうべきだが、詩人でもない人には詩を献じてはならない。相手の力量を見きわめて対応しないと、自分を生かすことはできない。〔臨・行録一九、碧・三八本則評唱〕

987

明年更有新條在 悩亂春風卒未休

ミョウネンさらにシンジョウあるあり
シュンプウにノウランしてついにいまだキュウせず
来年はまた新しい枝が伸び、春風に吹かれていつまでも悩まされることだろう。唐末の羅隠の詩句。

988

夢中射落蟭螟窠 開眼看来無縫罅

ムチュウにいおとすショウメイカ
まなこをひらいてみきたればホウカなし
夢の中で小さな虫の巣を射落とした、ところが目覚めて見るとヒビ一つ無かった。「蟭螟」は寓話に見える、蚊のまつげに巣をかけるという虫。禅とは不可視に近い微細な勘どころを見抜く修行であるというドグマを信じるやからは、こんな夢を見るだろうという皮肉。

989

不出門庭三五歩 看盡江山千萬重

モンテイをいでずサンゴホ
みつくすコウザンのセンバンジュウ
門から出て何歩も歩まぬうちに、千万重にもたたなわる天下の江山を見尽くした。達道者は門を出でずして天下の事を知る。しかし「庵内の人、庵外の事を知らず」という手厳しい批判もある。お山の大将でいては、進歩できない。

990

横按鏌鎁全正令 太平寰宇斬癡頑

よこにバクヤをアンじてショウリョウをまっとうす
タイヘイカンウにチガンをきる
よこざまに名剣をとって正義を執行し、太平の世の愚か者を始末する。巧みな方便によって衆生を済度すること。

991

利劍拂開天地静　霜刀舉處斗牛寒

リケンホッカイしてテンチしずかに
ソウトウコするところトギュウすさまじ

鋭い剣が一振りされると天地は静まり、白く輝く名刀が一閃するや斗宿牛宿の星が冷たく光る。天空の気をも切り裂く剣さばき。

992

了事衲僧消一箇　長連床上展脚臥

リョウジのノウソウイッコをショウす
チョウレンショウジョウにあしをのべてふす

ちゃんとした禅坊主はこの一人だけで十分だ、座禅の床で脚を伸ばして横になっているこいつだけで。「了事」とは、なすべきことをちゃんとやりとげること。「大事を了畢した」とか悟り切ったという意ではない。「消す」は俗語で、必要とするの意。〔碧・七八頌〕

993

龍得水時添意氣　虎靠山處長威獰

リョウみずをうるときイキをそえ
とらやまによるところイニョウをチョウず

龍は水中にいてこそ意気あがり、虎は山中にいてこそ猛威をふるう。適所を得てこそ本領が発揮される。「龍得水時添意氣 虎逢山勢長威獰」とも。

994

撃碎驪龍頷下珠　敲出鳳凰五色髄

リリョウガンカのたまをゲキサイし
ホウオウゴシキのズイをたたきだす

驪龍のあご下の宝珠を打ち砕き、鳳凰の骨をくだいて五色の髄を取り出す。

995

凜凜孤風不自誇　端居寰海定龍蛇

リンリンたるコフウみずからほこらず
カンカイにタンゴしてリョウダをさだむ

凜凜とした孤高の風格を自分では意識せず、どっしりと天下に腰をおろして龍と蛇とを見分けている。老練の禅匠の境涯。

996

瑠璃階上布赤沙　瑪瑙盤中撒真珠

ルリカイジョウにシャクシャをしき

メノウバンチュウにシンジュをサッす
瑠璃の階段に赤沙を敷き、瑪瑙の大皿に真珠を撒く。

997
老倒疎慵無事日 閑眠高臥對青山

ロウトウソヨウブジのひ カンミンコウガセイザンにタイす
老いぼれくたびれて一日なにもせず、のんびり枕を高くして緑なす山と向き合う。〔碧・二四頌評唱〕

16字

998
見與師齊減師半徳 見過於師方堪傳授

ケンシとひとしければシのハントクをゲンず ケンシにすぎてはじめてデンジュさるるにたう
弟子の見識が師匠と同等では、師匠の徳を半減してしまう、見識が師匠以上となってこそ、伝授される資格がある。「見過於師」は「智過於師」とも。〔臨・行録九、碧・一一本則評唱〕

999
青青翠竹盡是真如 鬱鬱黄花無非般若

セイセイたるスイチクはことごとくこれシンニョ ウツウツたるコウカはハンニャにあらざるはなし
青々とした竹はすべて真如そのもの、咲き競う菊の花は般若の智慧にほかならない。〔碧・九七本則評唱〕

1000
莫教平生心膽向人傾 相識還如不相識

ヘイゼイのシンタンひとにかたむけしむることなかれ あいしるはかえってあいしらざるがごとし
981「平生肝膽向人傾 相識猶如不相識」を参照。〔碧・二六本則評唱〕

あとがき

本書は、墨場必携つまり書作品の素材集の一つとして企画された。書道の展覧会において、比較的文字数の少ない漢字作品には禅語が選ばれることが少なくない。簡潔で気の利いた字句を探すと、禅語に到るということであろう。従来の墨場必携にも禅語はそれなりに取り上げられている。しかし、その語句の選択および解釈には不適切な例が散見され、明らかな誤字なども見つかる。

そこで本書は、まず信頼できる資料に基づき慎重に検討して、確かな禅語千語を選定した。千語の総字数は七〇四四字、使用字種は一四六五字である。

この一四六五字とはどのような漢字か。使用頻度順に並べてみると「不人一無天水頭是山上」となり、たくさん使われる漢字は、比較的やさしい。この十字が書ければ、禅語の一割は書ける計算である。一四六五字というと、なかなかたいへんな印象を持たれるかもしれない。ところが、そのうちの五七〇字は本書では一度しか使われていない。難しい見慣れない漢字は、滅多には使われない漢字なのである。

難解と思われている禅語を千語集めてみても、使用漢字は一四六五字。現在、日本で人名に使用できる漢字二九九九字の半分以下である。人名漢字の半分で禅語は書ける。そう考えると、禅語を書くことは難しくなくなるかもしれない。

それでもやはり漢字は難しいと感じるのは何故か。いろいろな書体があり、字体があるからであろう。書体とは何か、字体と字形との違いは何か、新字体と旧字体とはどういう関係にあるのか。簡単に整理してみよう。

「一」の字体は一つしかない。しかし、書いてみれば分かるように、「一」の字はいろいろに書ける。実際に見える「一」の字形はさまざまである。字形としては多様でも、字体としては一つと見なす。「一」の字体は一つであり、字形は多様である。多様な字形のうち、書きぶりの様式を類型的に整理した概念が書体である。字体とは抽象的な概念、字形は具体的な現象。目に見えるのは字形であり、その字形を頭では字体として認識し判断する。

漢字の「二」なのか、カタカナの「ニ」なのかは言語の問題すなわち字体の問題である。字形として見る場合、漢字の「二」とカタカナの「ニ」とを単独で区別することは難しい。文字は文章の形になってはじめて文字として機能する。あたかも漢字の一つ一つに意味があるかのように思われているが、一つ一つの文字が無条件で意味を持つことはない。文字には意味がない。ある漢字一字に意味があるように考えられるのは、その一字を一語として扱うからである。

「旧」はかつて「舊」であった。「旧」を新字体、「舊」を旧字体と呼ぶ。「旧」と「舊」とは見た目には明らかに違うものの、ともに「キュウ」と読み、同じく「ふるい」という意味をもつ。字音・字義は同じであって字体のみが異なる。「旧」と「舊」とは字体が異なる文字どうし、すなわち異体字の関係にある。異体字のうち、当用漢字制定の際に旧来の字体が改められたものを新字体と呼び、旧来のものを旧字体と呼ぶ。新字体と旧字体との違いは自然のものではなく、人為的なものである。

「来」や「恵」などは、伝統的な楷書ではほぼ「来」「恵」のように書かれ、旧字体「來」「惠」のように書かれることは少ない。「來」や「惠」は活字の世界では確かに旧字体である。しかし、活字ができる以前から「来」「恵」のように書かれてきた。「来」「恵」が新字体であり、「來」「惠」が旧字体であると言っても、実際は「來」ではなく「来」のように書かれ、「惠」ではなく「恵」のように書かれてきたのである。

ただし、現在、「來」「惠」は人名漢字として公認されている。人の名前を書いたり印刷したりする際、「来」か「來」か、「恵」か「惠」かに配慮する必要がある。

本書では敢えていわゆる旧字体に統一することはせず、原則として現在一般に通行している字体のうち歴史的に標準的な字体に近いと思われる字体によって表記することとした。

つまり、「竜」は「龍」とし、「鉄」は「鐵」や「銕」ではなく「鐵」、「剣」は「劍」や「劒」や「劔」ではなく「劍」とした。また、本来の字義を考慮して「弁」ではなく「辨」、「欠」ではなく「缺」、「余」ではなく「餘」とした。そのほか、実際にどのように書くべきかは、しかるべき古典や字書などを参照していただきたい。

編者紹介

伊藤《いとう》 文生《ふみお》

一九五六年生

一九八四年 東京大学大学院中国哲学修士課程修了

おもな編著

『簡明書道用語辞典』（天来書院）、『新明解現代漢和辞典』（共編、三省堂）、『碧巌録』（共訳、岩波文庫）、『岩波仏教辞典』第二版（項目執筆、岩波書店）ほか。

成蹊大学・実践女子大学・国士舘大学講師、書論研究会会員。

名僧のことば 禅語1000

二〇〇五年六月二〇日 発行
二〇一九年一〇月一〇日 第二版

編　者　伊藤文生
発行者　比田井和子
発行所　天来書院

〒一四〇―〇〇〇一
東京都品川区北品川一―一三―七
長栄ビル七F
電話　〇三（三四五〇）七五三〇
FAX　〇三（三四五〇）七五三一

http://www.shodo.co.jp/

印　刷　中央精版印刷株式会社
カバーデザイン　リタワークス

Printed in Japan